La face cachée
des gangs de rue

Révision: Marie-Annick Thabaud
Correction: Ginette Patenaude
Infographie. Manon Léveillé

Catalogage avant publication de
Bibliothèque et Archives Canada

Mourani, Maria

La face cachée des gangs de rues

1. Bandes de jeunes — Québec (Province) — Montréal.
2. Gangs — Québec (Province) — Montréal.
3. Délinquance juvénile — Québec (Province) — Montréal.
I. Titre.

HV6439.C32M65 2006   364.106'60971428   C2006-941646-X

Pour en savoir davantage sur nos publications,
visitez notre site: **www.edhomme.com**
Autres sites à visiter: www.edjour.com
www.edtypo.com • www.edvlb.com
www.edhexagone.com • www.edutilis.com

DISTRIBUTEURS EXCLUSIFS:
• Pour le Canada et les États-Unis:
MESSAGERIES ADP*
955, rue Amherst
Montréal, Québec H2L 3K4
Tél.: (514) 523-1182
Télécopieur: (450) 674-6237
* une division du Groupe Sogides inc.,
  filiale du Groupe Livre Quebecor Média inc.

• Pour la France et les autres pays:
INTERFORUM
Immeuble Paryseine, 3, Allée de la Seine
94854 Ivry Cedex
Tél.: 01 49 59 11 89/91
Télécopieur: 01 49 59 11 33
Commandes: Tél.: 02 38 32 71 00
    Télécopieur: 02 38 32 71 28

• Pour la Suisse:
INTERFORUM SUISSE
Case postale 69 - 1701 Fribourg - Suisse
Tél.: (41-26) 460-80-60
Télécopieur: (41-26) 460-80-68
Internet: www.havas.ch
Email: office@havas.ch
DISTRIBUTION: OLF SA
Z.I. 3, Corminbœuf
Case postale 1061
CH-1701 FRIBOURG
Commandes: Tél.: (41-26) 467-53-33
    Télécopieur: (41-26) 467-54-66
    Email: commande@ofl.ch

• Pour la Belgique et le Luxembourg:
INTERFORUM BENELUX
Boulevard de l'Europe 117
B-1301 Wavre
Tél.: (010) 42-03-20
Télécopieur: (010) 41-20-24
http://www.vups.be
Email: info@vups.be

Gouvernement du Québec – Programme de crédit d'impôt pour l'édition de livres – Gestion SODEC – www.sodec.gouv.qc.ca

09-06

Dépôt légal: 2006
Bibliothèque et Archives nationales du Québec

ISBN 10: 2-7619-2253-0
ISBN 13: 978-2-7619-2253-1

L'Éditeur bénéficie du soutien de la Société de développement des entreprises culturelles du Québec pour son programme d'édition.

Le Conseil des Arts du Canada
The Canada Council for the Arts

Nous remercions le Conseil des Arts du Canada de l'aide accordée à notre programme de publication.

Nous reconnaissons l'aide financière du gouvernement du Canada par l'entremise du Programme d'aide au développement de l'industrie de l'édition (PADIÉ) pour nos activités d'édition.

La face cachée
des gangs de rue

Maria Mourani

LES ÉDITIONS DE
L'HOMME

Au capitaine Bob, **08...
À tous ces jeunes de nos ghettos, de nos bidonvilles,
de nos quartiers lugubres dont on préfère ignorer la saleté,
la laideur et la misère...
À tous ces jeunes désœuvrés, jeunes d'infortune,
qui croient se retrouver dans l'exil et la marginalité...
À tous ces jeunes si loin d'eux-mêmes, trop loin de chez eux...
Je lève mon verre « à votre santé » !

MARIA MOURANI

Préfaces

On dit d'un fleuve emportant tout qu'il est violent,
mais on ne dit jamais rien de la violence des rives qui l'enserrent.

BERTOLT BRECHT

omme tant d'autres personnes, j'ai souvent lu des manchettes qui mettaient en relief mots et maux stigmatisant la jeunesse marginale identifiée comme «bandes de rue» dans la métropole montréalaise. Cette jeunesse tue, viole, vole et *deale*, laissant dans son sillage des sentiments de colère, de désarroi, d'incompréhension et de désespoir. Cette jeunesse se décline dans une logique tribale et s'enferme dans un monde parallèle.

Loin des théories sensationnalistes qui se limitent à désigner des coupables, *La face cachée des gangs de rue* est une radiographie pointue qui révèle le cœur architectural de la petite et de la grande délinquance montréalaise. Cet ouvrage nous permet de voir clairement ce qu'on veut bien voir et ce qu'on ne veut pas voir collectivement.

J'ai rarement eu accès à une recherche et à une analyse aussi approfondies sur le phénomène complexe des bandes que celles présentées par Maria Mourani dans *La face cachée des gangs de rue*. Ce livre s'insurge contre l'insolence de la pensée unique superficielle, contre l'ignorance et la désinformation étalées, involontairement, j'ose le croire, par certains médias. Son ambition est d'éclairer, de sensibiliser et, finalement, de susciter un débat de société, afin que cette dernière prenne en charge les questions et les réponses dans le dessein de changer le cours de la dérive de notre jeunesse, dérive qui constitue une mégacatastrophe sociale.

Cet ouvrage ne s'adresse pas à une élite, mais à une cité entière. Il est destiné à toutes celles et à tous ceux qui ont gardé une once de profondeur d'âme et de bon sens, et qui cherchent à comprendre dans quel piège un pan important de la jeunesse de notre société s'est enfermé.

La face cachée des gangs de rue peut être compris et apprécié par toutes et par tous!

MAKA KOTTO
Comédien, auteur et metteur en scène
Député à la Chambre des communes du Canada depuis 2004
et porte-parole du Bloc Québécois en matière de Patrimoine canadien

* * * *

Dans l'introduction de mon livre *La filière canadienne*, portant sur l'histoire des grandes affaires du trafic de drogue international ayant comme point d'ancrage le monde interlope de Montréal, j'écrivais en 1975 que «beaucoup de mythes circulent sur cet univers de la pègre». À cet égard, je précisais ceci: «Beaucoup de gens croient qu'il s'agit d'une super-organisation clandestine, fortement hiérarchique et contrôlée par des criminels d'ascendance sicilienne ou italienne. Pour le profane, le terme mafia est souvent synonyme de pègre. La réalité est cependant beaucoup plus complexe […]. La pègre n'est pas une organisation mais un milieu, le «Milieu» comme on l'appelle, celui des escrocs, des bandits, des truands, des trafiquants de tout acabit. Au sein du Milieu, il existe une multitude de groupes, de bandes, d'organisations, de gangs, certains puissants, hiérarchisés et stables, d'autres plus restreints, travaillant d'une manière artisanale et provisoire. La Mafia n'est qu'un regroupement de gangs (ou de familles) et de caïds féodaux d'origine italienne unis par des liens culturels, familiaux, ethniques aussi bien que par des liens d'intérêts. Pour différentes raisons historiques et culturelles, les clans criminels italiens, ceux de la Mafia, exercent depuis longtemps une influence prépondérante sur la pègre en Amérique du Nord. Cependant, ils sont loin d'avoir le monopole de la criminalité et, dans le trafic des stupéfiants, ils sont loin d'être les seuls intéressés […]. »

Aujourd'hui, 30 ans après cette première exploration exhaustive du milieu criminel montréalais, la réalité est toujours la même à ceci près qu'est apparue une nouvelle catégorie d'acteurs clandestins, les gangs de rue, composés de jeunes délinquants. Certes à l'époque des récits de *La filière canadienne* et bien avant, la délinquance juvénile était une réalité souterraine bien présente. On peut même affirmer que, de tout temps, des adolescents et même des enfants ont plongé en groupe, en bande, dans l'univers particulier de la délinquance. Très tôt dans son histoire, Montréal a été un territoire de prédilection pour des jeunes fascinés par la vie clandestine du monde interlope et du marché illicite. Cependant, depuis la fin des années 80, la métropole québécoise a vu naître un autre type de bandes de jeunes délinquants, les gangs de rue, à l'image de celles qui écument depuis 35 ans plusieurs quartiers de Los Angeles et d'autres ghettos des grandes villes étasuniennes.

Malheureusement, ce nouveau visage de la délinquance juvénile était, jusqu'à présent, resté passablement dissimulé. Par conséquent, les bandes de rue étaient incomprises et leur niveau de dangerosité sociale était mal évalué, bien sûr. L'arrivée dans l'espace public du livre de Maria Mourani sur la face cachée des gangs de rue montréalais est un puissant projecteur braqué, une fois encore, sur notre monde interlope. En mettant en lumière l'histoire, la nature et le fonctionnement des gangs de rue de Montréal, madame Mourani fournit une somme d'information et d'analyses de la plus haute importance pour les différentes personnes directement concernées – parents, éducateurs, policiers, travailleurs de rue, intervenants des services sociaux, procureurs, juges, décideurs administratifs et politiques, journalistes, etc. – ainsi que pour les citoyens curieux et socialement conscientisés. Comme dans tous les domaines et dans toutes les sphères de la vie sociale, l'ignorance pèse toujours très lourd et handicape considérablement toute action nécessaire, qu'elle soit éducative ou protectrice. À ce propos, il faut considérer autant qu'appuyer les propositions de l'auteur pour mieux orchestrer la réponse sociale aux gangs de rue. Il ne peut être question de tolérer la présence de ces bandes et leur développement. Tout doit être fait pour enrayer leurs effets attractifs et empêcher les jeunes inconscients qui les perçoivent comme des paradis de plaisirs et de bonheur, comme des synonymes de vie facile et trépidante, de s'engouffrer dans leur univers sordide et débilitant. Le bureau spécial «Gangs de rue» du Québec, que madame Mourani propose de créer au sein du ministère de la Sécurité publique du gouvernement québécois, devrait être mis sur pied sans délai. À mon avis, on devrait également créer une instance semblable au sein des ministères de l'Éducation, de la Santé et des Services sociaux, de la Justice, de l'Immigration et des communautés culturelles et, sans doute aussi, des Relations avec les nations autochtones. À l'heure de la mondialisation de l'économie, on assiste à un réseautage sans précédent des organisations criminelles de tout acabit, y compris celles des plus jeunes. Le marché illicite, depuis longtemps mondialisé, est entré dans une ère d'expansion facilitée par une culture internationale prônant la permissivité à tout crin, l'irresponsabilité sociale et l'individualisme sans scrupule. Devant cette réalité, il faut un large et puissant sursaut de conscience et de responsabilité citoyenne, soutenu par celles et ceux qui ont une responsabilité dans le secteur public. Aucune société dite civilisée et développée n'est à l'abri des régressions socioéconomiques et morales. Face aux gangs de rue de Montréal et de certaines autres villes québécoises, le message social lancé à leurs membres et aux jeunes tentés de se joindre à elles doit être cohérent et ferme. Notre société ne sera pas une terre de prédilection pour la criminalité organisée et le banditisme. Nos enfants et nos adolescents méritent mieux que cela.

Jean-Pierre Charbonneau
Criminologue et journaliste
Spécialiste du monde interlope
Député à l'Assemblée nationale du Québec de 1976 à 2006
(sauf entre 1989 et 1994), responsable à certaines périodes de la Protection
et de l'aide à la Jeunesse ainsi que de la Sécurité publique

Avant-propos

Ô lecteur,

À partir d'une étude sur les gangs de rue menée auprès de jeunes impliqués dans de telles bandes, nous tenterons de vous mettre au fait de ce phénomène et de sa dynamique dans la grande région montréalaise. Pour commencer, précisons simplement ceci: une bande de rue est un phénomène social qui apparaît dans un milieu propice; elle se nourrit des différents ingrédients de son environnement, entre autres des valeurs néolibérales et du capitalisme. Toutefois, selon bon nombre d'études, les gangs de rue seraient plutôt liés à un problème d'immigration et de choc des cultures, voire au manque d'adaptation des jeunes immigrants à la terre d'accueil. Certains auteurs estiment même que ces jeunes ne sont que le produit de leur culture violente. Fermons donc les frontières et déportons allègrement ces jeunes dans des pays qui n'ont même pas les structures judiciaires et sociales adéquates pour pallier le problème! Il est malheureux de constater que nous avons ainsi exporté le phénomène des bandes de rue dans certains pays, tel Haïti.

Les explications dites «culturalistes» ont contribué à la stigmatisation de certaines couches de la population québécoise, en l'occurrence les minorités visibles. D'ailleurs, dans l'esprit populaire, le terme «bande de rue» évoque souvent l'image de jeunes garçons mal fagotés, provenant de milieux ethniques et pauvres. Ce cliché du jeune membre de bande traverse l'histoire contemporaine et s'inscrit dans de nombreux écrits nord-américains. Or, le phénomène des bandes de rue est beaucoup plus complexe qu'il n'y paraît au premier abord. Au-delà du jeune Noir ou du jeune Arabe, il existe des organisations bien structurées, constituées essentiellement d'adultes, brassant des millions de dollars et gérant des commerces légaux. Il existe aussi des alliances avec les dominants du marché illicite, en l'occurrence les organisations criminelles, et ce, dans le monde entier. Que devient alors le jeune sur cet échiquier dominé par les adultes?

Les bandes de rue sont dérangeantes. Elles sont le reflet des ratés de nos sociétés capitalistes à l'ère de la mondialisation sauvage. Elles sont d'autant plus dérangeantes qu'elles ont le visage de la jeunesse. Alors il est beaucoup plus réconfortant de croire que les bandes de rue ne sont que l'apanage d'une jeunesse immigrante dégénérée et inadaptée, ainsi que le résultat de l'incompétence de leurs parents colorés. Ce livre cherche donc à aller au-delà des prénotions et des préjugés, tout en privilégiant une vulgarisation des notions, puisqu'il vise à informer la population d'une situation qui risque, à long terme, d'hypothéquer toute une génération québécoise.

Avertissement

Afin d'enrichir le contenu de ce livre, nous avons mis en exemple quelques extraits d'entrevues durant lesquelles de jeunes membres de bandes nous ont relaté leurs expériences. Nous tenons à préciser que les prénoms donnés sont fictifs, mais que les noms de lieux et de bandes sont réels.

Introduction

De Vancouver à Montréal en passant par Toronto, les gangs de rue font de plus en plus parler d'eux, mettant encore en lumière l'impuissance sociétale et la faiblesse de nos outils actuels face à un phénomène de plus en plus structuré et organisé sur le plan criminel. À Montréal, les gangs de rue existent depuis la fin des années 80. L'efficacité criminelle de certains d'entre eux a connu son apogée à la suite de leurs alliances avec des organisations criminelles, en l'occurrence les motards, dont ils ont d'ailleurs tout appris. Toutefois, il serait réducteur de croire que tous les gangs de rue ont forcément des liens avec des organisations criminelles. En fait, ceux qui en ont, même s'ils sont peu nombreux, méritent qu'on s'y attarde, puisque ce sont généralement ces groupes qui participent activement au marché illicite et font la manchette des médias. Avec le temps, ces gangs de rue sont devenus des «institutions» commerciales ayant établi des relations avec les dominants du marché illicite. Ils s'inscrivent dans l'ère de la mondialisation de la criminalité et visent le partenariat mondial.

Il faut rappeler que ce phénomène, qui était au départ perçu comme une simple structure de socialisation des jeunes, une structure peu agressive, a progressivement été vu comme un problème d'ordre public, une manifestation de violence, un produit de l'immigration et du choc des cultures. En fait, ce changement de perception a eu lieu après la Deuxième Guerre mondiale pour se maintenir jusqu'à nos jours. Tant dans les médias que dans les écrits traitant des bandes de rue ou de la délinquance juvénile, ces groupes sont devenus l'expression d'une jeunesse dépravée, déracinée, criminalisée, issue de l'immigration et forte de ses cultures originelles violentes. Contrairement à ce que l'on pourrait croire, les explications actuelles du phénomène des bandes ne se démarquent pas beaucoup de celles du passé. Elles stagnent encore dans une même pensée «culturaliste», marquée par des concepts tels que l'immigration massive et le manque d'adaptation des immigrants, les conflits ethniques, l'exposition à des modèles sociaux valorisant la violence et la délinquance, la désorganisation sociale provoquée par le choc des cultures, le besoin de protection et d'appartenance ainsi que le racisme. Elles mènent à attribuer aux jeunes issus de l'immigration une inadaptation naturelle ou culturelle.

Or, à l'image des organisations criminelles, les gangs de rue visent à devenir aussi fortunés et puissants que les motards ou les mafias. D'ailleurs, ces bandes brassent des millions de dollars et possèdent quelques entreprises, indice d'une certaine «maturation» dans le milieu criminel. En outre, si les bandes majeures sont constituées d'adultes, elles se nourrissent grâce au recrutement de mineurs – parfois des enfants de 10 ans –, dont elles se servent comme de soldats ou d'une main-d'œuvre bon marché. Elles utilisent les espoirs de leurs jeunes recrues pour se remplir les poches et bâtir des empires commerciaux sur le sang des enfants. Somme toute, les mineurs qu'elles exploitent en arrivent à une notion de réussite «professionnelle» qui se traduit par le désir de ressembler au Parrain ou à Scarface, mais la réalité est tout autre. Ils en viennent à souhaiter d'être recrutés par les *Hells Angels* ou le *Clan italien*. Les guerres intestines et les assassinats deviennent à leurs yeux des stratégies de lutte pour le contrôle du marché illicite, mais aussi des moyens de se faire connaître dans le milieu, de se faire un «nom», de faire sa place, de se faire recruter.

Les bandes de rue ont donc évolué au fil du temps et, comme des caméléons, elles se sont adaptées aux changements sociaux (le néolibéralisme, la Révolution tranquille, la montée du féminisme, l'évolution du marché du travail, etc.). Elles ont su survivre dans nos sociétés modernes, y prendre leurs repères et s'intégrer dans notre tissu social. L'ethnicisation du phénomène n'a contribué qu'à une stigmatisation des membres issus des groupes ethnoculturels, sans que ceux-ci soient forcément impliqués dans des bandes. Une jeunesse immigrante prise en otage par une étiquette de «gangsters». Les jeunes Québécois d'origine haïtienne, par exemple, deviennent, comme de fait, de futures recrues. Combien de fois avez-vous traversé la rue à la vue d'un rassemblement de jeunes habillés un peu différemment des autres? Il est ainsi devenu normal, pour ne pas dire nécessaire, d'exercer un contrôle policier quotidien et abusif sur ces jeunes. Une jeunesse sous surveillance. Être un jeune homme et, de surcroît, quelque peu coloré, sont des critères, parmi d'autres, relevant du profil des individus sous surveillance policière. C'est ce qu'on appelle un «délit de faciès» ou un «profilage racial».

Si le profilage racial touche, au quotidien, presque tous les groupes ethniques, il ne semble pas toucher le moins du monde les Québécois dits «de souche». Étrangement, les motards ne paraissent pas être un symbole représentatif de la société québécoise ni de sa population «de souche». Deux poids, deux mesures: alors que les jeunes membres de bandes appartenant à des groupes ethnoculturels sont vus comme les symboles d'une jeunesse dépravée issue de l'immigration et que leurs activités entachent l'ensemble de leur groupe ethnique, les motards sont plutôt perçus comme les «rebuts», les moutons noirs de la société québécoise, et non comme les représentants, voire les porteurs, des valeurs et de la culture québécoises. Aujourd'hui, il est donc primordial de reconsidérer le phénomène des bandes de rue sans préjugés ni moralisation. L'homogénéité ethnique qui peut prévaloir dans certaines bandes doit aussi être revue sous l'angle des liens, des relations et des rapports de force. Ainsi, on pourra enfin comprendre les gangs de rue et trouver des solutions concrètes et à long terme.

Les Montréalais sont de plus en plus nombreux à estimer qu'il y a un «problème» de bandes de rue dans leur quartier. Il n'est donc pas étonnant que la présence de ces bandes ait un grand impact sur le sentiment de sécurité des citoyens en général. En novembre 2002, le Service de police de la Ville de Montréal (SPVM) a inscrit les bandes de rue sur la liste des priorités nationales en matière de crime organisé. Et depuis les années 90, on rapporte une expansion du phénomène à Montréal et une modification radicale du portrait de ces bandes. Compte tenu de ces faits, nous tenterons de mettre en évidence un portrait encore peu connu des bandes de rue montréalaises et proposerons des stratégies d'action en vue de contrer ce phénomène de plus en plus important, qui détruit avant tout une jeunesse en perte de vitesse. Porter un regard non culturaliste permettra de mieux percevoir le vrai visage des bandes modernes et de mettre au point des actions plus probantes afin d'arrêter ou, tout au moins, de ralentir la progression des bandes montréalaises.

Chapitre 1
Montréal, une région en expansion

Soweto et Kattelong, deux ghettos d'Afrique du Sud où un enfant
de sept ans a plus de chances de mourir d'une blessure par balle
que de terminer sa troisième année à l'école primaire ;
où chaque semaine, cinq policiers noirs sont tués dans l'exercice
de leurs fonctions ; où, sur 3 millions d'habitants, 80 % ne travaillent pas ;
où les banlieues ressemblent à des zones sinistrées et à des champs de bataille ;
où on trouve le plus haut taux de criminalité au monde...
Au Québec, nous sommes encore loin de ce chaos, mais pas à l'abri !

MARIA MOURANI

À Montréal, les premières bandes de rue sont apparues vers la fin des années 80. Ces bandes n'étaient alors que des petits regroupements de mineurs qui s'associaient dans un but purement ludique et défensif. À partir des années 90, elles ont commencé à prendre de l'expansion, jusqu'à atteindre l'ampleur qu'elles ont actuellement.

PORTRAIT GLOBAL DE LA SITUATION

Aujourd'hui, les bandes de rue sont des joueurs importants sur l'échiquier criminel. Certaines bandes majeures ou dominantes sont aussi bien structurées que des organisations criminelles. Tant et si bien que lors d'un sondage mené par TVA le 21 janvier 2004, 78 % des 8247 répondants ont dit qu'ils craignaient davantage les bandes de rue que d'autres groupes criminalisés. En d'autres termes, les bandes de rue sont les organisations qui ont le plus d'impact sur le sentiment de sécurité de la population.

De juin à septembre 2004, il y a eu 322 arrestations menées par les policiers du Service de police de la Ville de Montréal (SPVM) lors de 98 opérations policières. Le Service canadien de renseignements criminels (SCRC) estime d'ailleurs que l'établissement de mesures contre les bandes de rue doit faire partie des objectifs nationaux dans le domaine de la sécurité. Par ailleurs, un sondage effectué en 2002 par le Service de recherche de lutte au crime organisé, service dépendant du ministère de la Sécurité publique, a révélé qu'en plus de la grande région montréalaise, plusieurs autres villes québécoises étaient touchées par les bandes de rue, en l'occurrence Laval, Québec, Gatineau, Drummondville, Longueuil, Saint-Jérôme, Alma, Saint-Jean-sur-Richelieu, Jonquière et Repentigny. Cependant, on ne peut que constater l'impuissance des services de police face à ce phénomène qui, vu sous l'angle de l'efficacité criminelle, est de plus en plus sérieux. Un phénomène dont l'impact dans le milieu criminel fut long-temps sous-estimé par bon nombre de services de sécurité.

CARTOGRAPHIE DES BANDES DE RUE

À Montréal et dans ses alentours, on a recensé une vingtaine de bandes majeures actives dans le marché illicite. Le SPVM (Division du renseignement; Module gangs de rue) a répertorié, lui aussi, à peu près le même nombre de bandes de rue. Pourtant, combien de fois avons-nous lu dans les journaux que Montréal compterait plus d'une centaine de bandes ? Pour avoir l'heure juste, il est extrêmement important de ne pas associer certaines bandes dominantes à des groupes de jeunes qui peuvent avoir des comportements délinquants sans toute-fois être actifs sur le plan d'une criminalité structurée. Il est cepen-dant courant de mettre tout le monde dans le même panier, puisqu'il n'existe toujours pas, dans le milieu de la recherche, de consensus défi-nitionnel sur le concept même de bande. D'ailleurs, certains auteurs reconnaissent que chaque personne ou organisme définit ce phéno-mène selon ses perceptions et ses intérêts. En effet, il est habituel de taire ou d'amplifier ce phénomène par choix politique, pour pallier le sentiment d'insécurité de la population ou justifier des rentrées budgétaires des organismes de sécurité.

Malgré la grande mobilité des bandes de rue et leur instabilité structurelle, nous pouvons tout de même «cartographier» différents groupes dominant le marché illicite. Il est à noter que des bandes peuvent changer de nom, de leaders et de membres, sans forcément disparaître de l'échiquier illicite. En fait, si un grand nombre de bandes se forment et disparaissent à court ou à moyen terme, quelques-unes survivent aux arrestations, aux guerres, aux changements de leadership, etc. Dans ce bassin minoritaire, certains groupes, après 15 ans d'existence, préfèrent conserver leur nom, symbole important dans le milieu, et ce, même si la composition démographique du groupe est totalement différente de ce qu'elle était dans le passé. D'autres préfèrent tout changer, y compris leur nom. Cela leur permet de brouiller les pistes quant au nombre réel de bandes existantes et de se libérer du contrôle de la police. Ainsi, une bande qui s'estime trop exposée à la surveillance policière peut se dissoudre et renaître sous un autre nom, dans un autre territoire, avec un leader et des membres différents. Elle peut aussi se déplacer dans une autre ville ou région. Il lui faut alors se refaire un nom et une réputation de «gros méchants», en étant plus agressive, plus violente et en participant activement à des rixes. Dans ce contexte, les guerres deviennent un moyen de se forger une réputation et de conquérir des territoires.

À Montréal, il existe deux grandes «familles» antillaises, qui se sont formées progressivement vers le début des années 90: les *Crips* et les *Bloods*. S'inspirant d'un «concept» étasunien, ces familles se sont de plus en plus structurées au fil des années et ont élaboré un mode de fonctionnement permettant une cristallisation de leur présence à Montréal. Elles sont majoritairement constituées de bandes antillaises à forte dominance haïtienne, bien qu'un bon nombre d'entre elles soient multiethniques et comprennent aussi des Québécois dits «de souche». Rappelons que les bandes sont apparues à Montréal autour des années 80. À cette époque-là, elles ne fonctionnaient pas en tant que *Crips* ou *Bloods*, mais plutôt sous la bannière de bandes dominantes. En effet, lorsqu'une bande faisait parler d'elle, le crédit symbolique revenait à la bande qui dominait le marché. Depuis la fin des années 90, les bandes se sont davantage décentralisées et opèrent plutôt sous la bannière des *Crips* ou des *Bloods,* bannière qu'elles utilisent un peu comme une marque de commerce.

La famille des *Crips* est située dans les quartiers Saint-Michel, Pie-IX, Rosemont, Petite-Patrie, Villeray/Parc-Extension, Pierrefonds et Dollard-des Ormeaux. Les bandes répertoriées sont les *Crack Down Posses* (*CDP*, Pie-IX), les *Krazz Brizz*, les *67* (Saint-Michel), les *Natural Posses* (Saint-Michel), antérieurement surnommés les *National Posses*, les *MOB* (aux États-Unis, les *Mob* sont des *Bloods*; *Mob* signifie «Member of Blood» ou «Money over Bitches») et les *47* (Pie-IX), les *Crazy Juveniles*, les *Ruffriders* (Pierrefonds, Dollard-des Ormeaux), les *Crazy Gangster* (*CG*), les *Punto Negro* (Saint-Michel/Rosemont). Selon nos sources, on aurait récemment trouvé des *Crips* à Beaconsfield/ BaieD'Urfé et Kirkland. Cela pourrait s'expliquer en partie par le désir d'expansion des *Ruffriders*. Rappelons que certaines bandes de la famille des *Crips* changent parfois de nom ou disparaissent d'une année à l'autre; tout est une question de rapport de forces et de pouvoir. D'ailleurs, lorsque nous sommes retournés sur le terrain en avril et en novembre 2005, nous avons remarqué la disparition de plusieurs bandes, en l'occurrence les *National Posses* (*NP*; dans Saint-Michel), les *Crazy Angels* (une bande de filles), antérieurement appelées les *Sixty Pretty Girl* (une autre bande de filles), au profit d'autres groupes. Force est de constater que les bandes de rue constituées essentiellement de mineurs, même lorsqu'elles dépendent d'une famille bien structurée, ne restent pas longtemps sur l'échiquier illicite, sauf quand elles possèdent des ressources économiques, humaines et militaires considérables. Les jeunes qui font partie de ces bandes sont généralement intégrés dans les bandes majeures de ces territoires.

> *À Villeray/Parc-Extention, il y a un jeune de 16 ans qui s'appelle Cadavre. Il est terrible. Il me fait penser à Emmanuel Zéphir. C'est un* Crips. *Il a son groupe à lui. Ils sont allés dans Pie-IX foutre le bordel avec les 47. Ils ne sont pas structurés en gang. Ils forment une clique; c'est mieux pour ne pas attirer l'attention de la police.*

Ils ne rendent pas de compte aux CDP *et ne sont pas encore dans le gros commerce illicite ; ils sont encore trop jeunes. Mais Cadavre, s'il est assez intelligent pour ne pas se faire tuer ou se faire arrêter, il risque de devenir un leader.* (Entrevue faite en novembre 2005.)

Il est important de bien faire la différence entre la bande des 67, qui est un regroupement de jeunes du quartier Saint-Michel, et les jeunes du quartier 67, c'est-à-dire les jeunes du quartier Saint-Michel. Ainsi, un jeune de Saint-Michel peut dire être un 67 sans pour autant appartenir à la bande de rue les 67, puisque ce chiffre fait référence aux jeunes du quartier. La bande de rue les 67 (numéro d'une ligne d'autobus desservant le quartier Saint-Michel) et la bande des 47 (de la 47ᵉ Avenue dans le quartier Saint-Michel) sont constituées essentiellement de mineurs et de jeunes adultes (15-19 ans). Certains informateurs rapportent que ces deux bandes brasseraient actuellement beaucoup d'argent en vendant des produits en gros à plusieurs détaillants de divers territoires ; d'autres soutiennent que ce sont les *Krazz Brizz* (*KB*) et les *CDP* qui mènent la danse. Selon nos observations, les *KB* et les *CDP* restent les maîtres du jeu dans Pie-IX/Saint-Michel, sans compter tous les autres territoires où ils opèrent.

Pour se distinguer, la famille des *Crips* a adopté une couleur qui lui est propre, soit le bleu. Les membres s'identifient donc en arborant des bandeaux bleus, qu'ils portent sur la tête ou à la ceinture. Ils peuvent aussi se faire communément appeler *Les bleus*. Leur cri de guerre et leur graffiti est «C up». Par ailleurs, dans la famille des bleus, ou *Crips*, il existe un groupe à part qui aurait été formé par un ex-membre des *CDP*: Gregory Wooley. Cet homme serait un membre en règle des *Hells Angels* et aurait obtenu tous ses «patches» (ses galons) de cette organisation. Certains soutiennent qu'il est très proche de Mom Boucher, même qu'il aurait créé son propre groupe, qu'il a baptisé les *Syndicats* et qui constitue un allié proche des *Rockers*. Les membres de cette organisation proviendraient de la famille des *Crips* et, parfois, des *Bloods*, mais seul Wooley serait un membre en règle des *Rockers*. Apparemment, le grand rêve de Wooley serait d'unir ces deux grandes familles sous une même bannière. Le groupe des *Syndicats* semble donc être une espèce de groupe hybride entre la bande de rue majeure et un sous-groupe des *Rockers*.

Dans Pie-IX/Saint-Michel, la bande des *CDP* demeure le groupe dominant, tandis que les autres bandes se partagent le pouvoir par palier générationnel. Les *CDP* seraient sous la direction des frères Zéphir (récemment, l'un d'eux est d'ailleurs sorti d'un pénitencier) et de Pirate (le bras droit d'Emmanuel Zéphir), qui s'occuperait davantage des *KB*. D'après l'un de nos informateurs, Emmanuel Zéphir aurait, depuis sa libération, conclu une entente avec Gregory Wooley afin d'intégrer les *Syndicats*. Ce dernier est décrit comme une personne assoiffée de sang, capable «de jouir en regardant quelqu'un se faire écorcher». Il aurait un bon potentiel pour devenir un futur parrain d'une mafia noire à Montréal. Selon notre informateur, Emmanuel Zéphir et Gregory Wooley ont des objectifs d'expansion autres que dans le système de la rue, qui serait beaucoup moins payant que celui déployé par les organisations criminelles. En effet, ils auraient compris que pour faire beaucoup d'argent, il faut investir dans des entreprises légales. Toujours selon ce même informateur, Pirate aurait commis quelques erreurs de «gestion» durant l'absence d'Emmanuel Zéphir, en faisant des concessions aux *Bloods*. Il leur aurait permis de vendre leurs produits dans certaines zones appartenant à la famille des *Crips*.

Dans les régions où il n'y a pas de compétition, comme Québec, les *Crips* ou les *Bloods* ne s'affichent pas. Ils font leurs affaires en silence, puisqu'ils n'ont pas besoin d'instaurer une certaine terreur. Selon nos sources, les *Crips* seraient le groupe montréalais le plus présent à Ottawa, même s'ils devront négocier leur présence avec les bandes ontariennes de ce territoire. À Québec, les familles des bleus et des rouges (les *Bloods*) se partageraient le terrain en collégialité, bien qu'il y ait des transfuges, c'est-à-dire des *Crips* qui deviennent des *Bloods* et vice-versa. Quant aux autres bandes de Pie-IX/Saint-Michel, elles changent de nom en fonction des aléas environnementaux (arrestations, décès), instabilité qu'on observe davantage chez les bandes de mineurs. Quelquefois, elles sont même en conflit entre elles. On estime à une dizaine le nombre de bandes constituées de mineurs qui se trouvent sous la coupe des *CDP* dans Pie-IX/Saint-Michel, et ce, sans compter celles qui sont dispersées dans d'autres territoires, tels Longueuil et Pierrefonds.

Les bandes de Pie-IX, notamment les *CDP* et les *Krazz Brizz*, ont toujours dominé le terrain comparativement à celles de Saint-Michel. Dans les années 90, les bandes de Pie-IX avaient la réputation d'être plus dangereuses et hiérarchiquement supérieures à celles de Saint-Michel. Toutefois, depuis quelques années, les bandes présentes dans le quartier Saint-Michel affichent une certaine indépendance par rapport aux bandes de Pie-IX, même si, vu leur allégeance aux *Crips*, elles resteront toujours dans la famille des bleus. La plupart des bandes majeures se trouvent dans Pie-IX, tandis que, dans le quartier Saint-Michel, ce sont plutôt des regroupements ou des cliques de jeunes et des bandes de mineurs qui dominent. Cette nouvelle tendance à se distancer des bandes de Pie-IX a débuté aux alentours de 2001-2002, après l'assassinat d'un jeune membre d'une bande de Saint-Michel par un membre d'une bande de Pie-IX. Depuis, il y aurait donc un certain froid entre les bandes de ces deux quartiers, malgré leur appartenance à une même famille. Néanmoins, en cas de conflit avec les *Bloods*, elles s'unissent immédiatement et sans condition contre cet ennemi commun. Dans Pie-IX/Saint-Michel, il existe aussi des bandes latino-américaines qui s'identifient soit comme des *Crips,* soit comme des *Bloods.* Alors que dans les années 80 et 90, les bandes haïtiennes entraient régulièrement en conflit avec les bandes latino-américaines, il semblerait que ces nouvelles alliances aient contribué à une diminution des conflits dans plusieurs territoires. En effet, les *Crips* haïtiens et les *Crips* latins partageraient des territoires et veilleraient à défendre ces territoires communs, de la même manière que les *Bloods* haïtiens et les *Bloods* latins. En fait, l'ennemi s'identifie en termes de *Blood* ou de *Crip* et non plus en termes ethniques. Par ailleurs, historiquement et prenant encore exemple sur le modèle étasunien, les bandes latino-américaines fonctionnent aussi par famille et se définissent, par contre, comme des *13* ou des *18*. Il est donc rapporté que le modèle montréalais différerait quelque peu de celui des États-Unis, puisque la famille des *13* montréalais serait alliée aux *Crips* montréalais au point de se définir comme *Crips* et la famille des *18* ferait de même par rapport aux *Bloods*. Au sud de Saint-Michel jusqu'à la rue

Jean-Talon, les bandes de la famille des *13* seraient rattachées aux *Crips*, tandis que celles des *18* le seraient aux *Bloods* et se situeraient plutôt au nord de Saint-Michel, dans une petite partie du quartier Ahuntsic.

> *Avant, dans Saint-Michel, on avait plusieurs gangs. Maintenant, toutes les gangs sont sous la bannière des* Crips. *Il y a une petite fraction de rouges (les* Bloods) *qui se trouve un peu plus au sud, dans la zone Bélanger et 13ᵉ. Ils n'ont pas de nom et transigent au niveau de la drogue. Maintenant, dans Saint-Michel, on a le groupe des 47, qui sont de Pie-IX. Ils habitent autour de la 47ᵉ Rue. Ils existent depuis à peu près un an. Ils ont entre 15 et 17 ans. Tu as aussi les 67 dans Saint-Michel, mais là, ils sont en train de changer de nom. Et tu as les plus vieux, qui contrôlent le trafic de drogue dans les alentours. Eux, ils sont dans Pie-IX, mais ils contrôlent le trafic même ici, dans Saint-Michel. Les* CDP *et les* Krazz Brizz *sont toujours là. Ce sont les plus vieux, les* Krazz Brizz, *qui sont en dessous des* CDP. *C'est eux qui contrôlent dans Pie-IX/Saint-Michel. Les* CDP *ne mettent plus beaucoup la main à la pâte dans cette zone. Eux, ils sont plus dans l'Ouest. Ils s'occupent plutôt de développer LaSalle et Ottawa. Les* CDP *ont laissé aux* Krazz Brizz *la responsabilité de gérer le local et les différentes bandes présentes sur le territoire. Maintenant, les* CDP *s'occupent plus du national.*
>
> *On a aussi des groupes dans Rosemont/Petite-Patrie et Villeray/ Parc-Extension. Là-bas aussi, c'est* Crips. *C'est bleu. C'est encore des jeunes de 16-17 ans et moins. Des mineurs. Là-bas aussi, c'est dirigé par KB [Krazz Brizz]. Enfin, des anciens. Mais les plus jeunes sont en rivalité avec les autres jeunes de Pie-IX/Saint-Michel, même s'ils sont tous des bleus. Il y a une zone où il y a de gros buildings, et les jeunes sont là-bas, avec leurs couleurs. Ils appellent cela «le Plan».* (Entrevue faite en novembre 2005.)

Pour sa part, la famille des *Bloods* se trouve dans Montréal-Nord, Rivière-des-Prairies, Saint-Léonard, Petite-Bourgogne, Atwater, Côte-des-Neiges et Laval. Les bandes les plus communes sont les *Bad Boys*, les *Bo-Gars*, les *Bo-Juniors*, les *Dope Squad* et les *Brooklyn Action*

(Viau/Saint-Léonard). Leur cri de guerre et graffiti est «B up». Par opposition à la famille des bleus, les *Bloods* se démarquent par la couleur rouge et se font appeler communément *Les rouges*. Ils portent donc un bandeau rouge, symbole de leur appartenance au groupe. Cependant, tous les jeunes qui arborent un bandeau bleu ou rouge ne sont pas forcément des membres de bandes. Pour paraître «cheal», beaucoup de jeunes aiment porter ce genre de symboles attribués aux membres des bandes de rue. Dans le milieu, ces jeunes sont surnommés des «Wannabes», terme anglais signifiant «ceux qui veulent être», ou encore «ceux qui veulent tout simplement avoir l'air d'être».

Dans la grande famille des rouges, les *Bo-Gars,* les *Dope Squad* et les *Bad Boys* seraient les groupes majeurs. Essentiellement constituées d'adultes, ces bandes agissent auprès de bandes de mineurs en tant que fournisseurs, contrôlent les territoires leur appartenant et veillent au recrutement des meilleurs éléments. Ainsi, un certain Réginald Casimir, qui serait un membre actif des *Bo-Gars,* aurait dans son équipe plusieurs acteurs importants de la famille des rouges. Il serait le fournisseur non seulement de plusieurs groupes faisant partie des rouges, mais aussi de quelques indépendants et adversaires; après tout, l'argent n'a pas d'odeur. Parmi les autres membres influents, il y aurait également un dénommé Alfred Trudel, membre des *Dope Squad,* et un certain Joseph Asmick, membre fondateur des *Ruffriders,* un groupe des bleus.

> *Maintenant, tu dois regarder ça en fonction de* Crips *et de* Bloods. *Si tu prends Côte-des-Neiges, c'est* Bloods. *Ce n'est plus Jamaïcain. Ce sont les* Bloods *qui ont pris le contrôle. Les Jamaïcains sont encore là, mais ce sont les* Bloods *qui contrôlent une bonne partie du territoire. Dans Atwater et la Petite-Bourgogne, ce sont aussi les* Bloods *qui contrôlent tout. Je ne connais pas les noms des bandes, parce que ça change trop. Les noms ne sont plus importants maintenant. C'est* Crips *ou* Bloods. *On a des petites structures, et tout le monde fonctionne sous ce thème.* (Entrevue faite en novembre 2005.)

Dans d'autres territoires, notamment dans l'Ouest, plusieurs bandes s'identifient comme étant soit des *Crips,* soit des *Bloods.*

Toutefois, elles n'ont pas de lien historique ni familial avec celles du nord et de l'est. Les sigles *Crips* et *Bloods* sont devenus des marques de commerce, des espèces de franchises que certaines bandes s'approprient afin de ne pas perdre du temps à se tailler une réputation. Autrement dit, certaines bandes jugent commode d'utiliser ces sigles qui inspirent la terreur et le respect dans le milieu illicite. Par conséquent, il y a des *Bloods* et des *Crips* asiatiques (cambodgiens, vietnamiens, etc.), latino-américains ou encore arabes! Dans une école primaire du quartier Saint-Laurent à majorité arabophone, des jeunes s'amusent à s'identifier comme des *Bloods* ou des *Crips*. Dans Côte-des-Neiges, les bandes des *ABZ* (*Asian Boz*, jeunes asiatiques) et des *Punto Negro* (jeunes d'origines diverses, à dominance latino-américaine) se présentent comme des *Crips*, tandis que les *Little Asian Blood* (*LAB*) opèrent sous la bannière des rouges. Et dans Côte-Vertu, les *Asian Young Blood* (*AYB*) sont des *Bloods*.

Par ailleurs, depuis quelques années, on constate l'émergence d'une nouvelle criminalité dans la communauté antillaise. Des indépendants, que nous nommerons des «hommes d'affaires», traitent seuls dans le marché illicite, dans le sens où ils ne sont affiliés à aucun groupe, à aucune bande ni organisation criminelle. Ils travaillent en réseau et gagnent beaucoup d'argent. Ils sont très peu sur le marché illicite et sont majoritairement des adultes de 20 ans et plus. Ils engagent, entre autres, des membres de bandes pour faire leur sale besogne, récolter de l'argent et éliminer des personnes, mais ils sont totalement indépendants. Pour eux, l'argent n'a pas d'odeur ni de couleur. Ils transigent aussi bien avec des *Crips* qu'avec des *Bloods* ou des membres d'organisations criminelles. Ils ne sont ni bleus ni rouges, «leur couleur est le vert», celle des dollars. Ils brassent des millions et commencent à acheter des franchises, à acquérir des restaurants, des salons de coiffure, des clubs, etc., pour blanchir de l'argent, et ce, sous des noms d'emprunt. Ils sont aussi dans l'immobilier et fournissent des armes aux bandes. Certains sont des anciens membres de bandes, d'autres ne sont même pas fichés par les services de police. Selon nos sources, un certain Bernard Mathieu, qui fait actuellement l'objet d'accusations criminelles à la Cour du Québec, serait un de ces «hommes d'affaires». Même s'il traite avec les gangs de rue et semble les fréquenter de très près, il n'aurait aucune allégeance. Il serait l'un des fournisseurs des *Bo-Gars*, des *Dope Squad*, des *Ruffriders*, des *CDP* et des bandes qui leur sont affiliées. Il vendrait donc de la drogue tant aux rouges qu'aux bleus. Compte tenu de tous ces éléments, une question se pose : d'ici quelques années, Montréal ne risque-t-elle pas de se retrouver avec une mafia noire susceptible de remplacer tôt ou tard les motards et le Clan italien auprès des gangs de rue? L'avenir nous le dira!

On a les gangs de rue qui transigent avec la rue et, au-dessus, on a des hommes d'affaires. Ça peut être des ex-gars de gangs. Ça peut être des gars qui sont dans les rouages ou qui ne sont pas identifiés, mais qui sont rendus à un niveau plus haut. Eux, ils s'achètent leurs grosses maisons sur Gouin. Ça roule fort. Moi, je peux vous dire qu'il y a une mafia noire, mais faut pas mélanger ça avec les gangs de rue. Ils [les hommes d'affaires] transigent avec les Italiens, avec les Hells. Ils ont assez d'argent et assez de pouvoir pour être indépendants, acheter leurs drogues et leurs armes. Ces gars, c'est une autre affaire que les gangs et les motards. Ce sont des hommes d'affaires. Tu rigoles pas avec eux.

Je vais te raconter une anecdote. Un gars arrive dans le quartier avec sa chaîne en or. Et puis, un gars de gang lui demande sa chaîne. Le gars lui répond : «Tu veux ma chaîne? Tiens, la voilà! Prends-la!» Le lendemain, il revient encore devant les gars avec sa Ferrari et deux chaînes. Il leur dit: «Les gars, vous voyez, j'ai maintenant deux chaînes. Plus chères encore que celle que vous avez prise hier. Si jamais vous voulez travailler, vous êtes les bienvenus.»

Ce sont des indépendants. Des hommes d'affaires. Ces gars se font de l'argent avec toutes sortes de trafics. Ils peuvent vendre à des gars de gangs. Ils font des affaires. Ils vendent à tout le monde. Que tu sois bleu ou rouge, ils te vendent des trucs. Green back! C'est eux qu'on voit dans les grosses voitures sport. D'ici quelques années, si la tendance se maintient, ces gars deviendront les employeurs de toute la communauté noire de Montréal. Ils ont compris qu'ils peuvent devenir des Saputos. (Entrevue faite en novembre 2005.)

Dans le sud de Montréal, plusieurs autres bandes de rue se partagent les territoires. On y retrouve des groupes de toutes les appartenances ethniques. Dans les quartiers Verdun, la Pointe, Hochelaga-Maisonneuve, Petite-Bourgogne et dans le centre-ville, les bandes de rue les plus présentes sont *Family*, *Down Town*, *Crazy Adolescent Delinquant* (Irlandais), *West Coast Criminals* et *Z-Mafia* (Zaïrois). Dans le Chinatown, ce serait les *Triades* qui domineraient et entretiendraient plusieurs bandes asiatiques, comme les *Black Dragons*. Selon certains de nos informateurs, les *Triades*, toutes silencieuses qu'elles soient, auraient pris le contrôle du trafic de cannabis, supplantant les Jamaïcains. Le Gold québécois serait très prisé, et les *Triades* en auraient augmenté le THC (tétrahydrocannabinol, ingrédient ajouté dans le cannabis, parfois sous forme de PCP ou du LSD).

Dans Bordeaux-Cartierville et Saint-Laurent, les bandes vietnamiennes et cambodgiennes, qui se font appeler les *Red Blood* et s'habillent tout en rouge, partagent le marché illicite avec des cliques mafieuses multiethniques, comprenant notamment des Québécois dits «de souche» ainsi que des personnes originaires du Moyen-Orient et du Maghreb. D'ailleurs, les jeunes originaires du Moyen-Orient et du Maghreb agissent davantage en cliques mafieuses ou en réseaux de travailleurs autonomes qu'en bandes. La plupart du temps, ils sont associés soit aux motards, soit à une mafia libanaise, italienne, arabe ou maghrébine bien implantée. Dans Côte-des-Neiges, on retrouve aussi plusieurs bandes, dont une bande de Jamaïcains, les *Goodfellows*, des bandes latino-américaines et philippines (entre autres les *Kuatro Kuantos*, «les quatre coins»), et des bandes russes. À Montréal, certaines bandes de jeunes russes sont sous la bannière d'une mafia russe. Quant à Dollard-des-Ormeaux, LaSalle, Lachine, Longueuil et Laval, ce ne sont pas des zones épargnées par les bandes de rue. On y relève la présence, entre autres, des bandes des *Up-Town* et des *C-Unit*.

En dehors de la grande région montréalaise, on a noté la présence ou l'influence des bandes à Québec, à Trois-Rivières et à Sherbrooke ainsi que dans les Laurentides et Lanaudière. Mais pour le moment, ces bandes paraissent être plutôt des «succursales» des bandes dominantes de Montréal, en l'occurrence les *Crips* et les *Bloods*. À Québec,

---

par exemple, il semble que les *Crips* et les *Bloods* se partagent le territoire de manière pacifique, chose impossible à Montréal, où ces bandes ennemies sont en guerre depuis les années 90. L'exode vers d'autres régions permet non seulement d'étendre les territoires, donc d'augmenter la rentabilité économique de la bande, mais aussi de soustraire certains membres à la pression policière.

Si l'exode a des avantages pour les grandes familles, il comporte des désavantages pour les régions qui doivent en subir les fâcheuses répercussions. De la même manière, la déportation de jeunes membres de bandes dans leur pays d'origine a contribué, d'une part, au déplacement de la problématique, et non à sa résolution, en entraînant la naissance de nouveaux phénomènes criminels dans des pays n'ayant pas les structures de contrôle nécessaires pour y remédier et, d'autre part, à la création de vrais ponts relationnels entre les bandes antillaises de Montréal et des mafias antillaises des pays d'origine. Ainsi, les familles des *Crips* et des *Bloods* entretiennent maintenant des relations privilégiées avec des «succursales» créées à l'étranger, relations qui facilitent le trafic de stupéfiants. Que ce soit en Jamaïque, en Haïti, ou en République Dominicaine, l'influence des familles traverse les océans. En déplaçant le phénomène des bandes de rue, nous avons contribué à sa mondialisation et donc accentué son efficacité.

Bien que le portrait des bandes de Montréal soit très particulier, les familles des *Crips* et des *Bloods* ont réussi à établir des «succursales» dans d'autres provinces canadiennes, notamment en Ontario, à Niagara Falls. Certaines bandes asiatiques et russes ont même été jusqu'à former des groupes à Vancouver ou à développer des ponts relationnels et économiques avec les bandes déjà en place. De surcroît, des «succursales» ou des ponts relationnels ont été créés aux États-Unis et dans différents autres pays. Les bandes de rue sont à l'image des entreprises commerciales des sociétés néolibérales où seule la rentabilité économique compte... L'argent, toujours l'argent!

CRIPS ET BLOODS : UNE LONGUE HISTOIRE D'AMOUR ?

Les histoires relatives à la naissance des premières bandes de rue appartenant à la famille des *Crips* aux États-Unis ne concordent pas. Selon la version la plus répandue, ces bandes seraient apparues en Californie en 1969. À Los Angeles cette année-là, un jeune afro-américain de 15 ans, Raymond Washington, fort déçu de la dissolution de la cellule des *Black Panthers* dans sa ville, décida de créer un groupe avec ses camarades d'école et du quartier afin de contrer, entre autres, le racisme présent dans sa communauté. Il nomma sa bande les *Baby Avenues*. Admirant l'organisation des *Black Panthers*, il favorisa l'expansion de cette bande en décentralisant la structure et contribua à la création de plusieurs autres bandes, constituées notamment de membres d'anciennes bandes et de groupes illicites travaillant pour les *Black Panthers*.

La bande des *Baby Avenues* fut rebaptisée *Avenues Cribs* lorsqu'elle se mit à opérer dans le territoire de la Central Avenue, dans l'est de Los Angeles. Ses membres s'identifiaient alors en portant des foulards (des *bandanas*) bleus. Puis, en 1971, l'utilisation du mot *Crips* remplaça celui de *Cribs,* et Raymond Washington, fort de sa ribambelle de bandes de jeunes, se retrouva à la tête d'un grand réseau de cellules, «une collectivité de bandes» (ce que nous nommons dans ce livre «famille») toutes unies sous la bannière des *Crips*. En faisaient partie, notamment, les *Avalon Garden Crips,* les *Eastside Crips,* les *Inglewood Crips* et les *Westside Crips.*

Les *Crips* maintenaient leur suprématie sur les autres bandes de Los Angeles par la violence. Pour contrer cette menace bleue, plusieurs bandes de la région s'unirent aussi sous une même bannière : les *Bloods*. Ce fut donc en réaction à la vague des *Crips* que les *Bloods* virent le jour – encore une preuve que, souvent, les phénomènes sociaux naissent ou disparaissent à la suite d'un conflit – et adoptèrent la couleur rouge, rouge sang. Toutefois, la grande nation des Bloods (*United Blood Nation*) vit le jour en 1993 dans un pénitencier de la ville de New York nommé Rikers Island, dans le bloc C-74, selon le serment des *Bloods*, mais certains disent plutôt dans le bloc

C-73. Omar Portee, alias O. G. Mock, membre de la bande des *Miller Gangster Bloods*, fonda la *United Blood Nation* avec Leonard Mackenzie, qu'il dirigea du pénitencier de Rikers Island où il purgeait une peine de 50 ans. D'ailleurs, l'un de nos informateurs nous a remis une copie du serment des *Bloods* étasuniens, document qui aurait été sorti par un prisonnier libéré de ce pénitencier de New York. Nous invitons le lecteur à prendre connaissance de ce document afin de mieux comprendre que rien ne fait peur à ce genre d'individus, que seule la mort peut les arrêter.

En voici un extrait (d'abord en anglais puis en français):
Black –
Green – *The money we make the grass we walk on the weed we smoke.*
Brown – *War & victory.*
White – *The champain we poor out for all our Dead Homies.*
Beige – *The cotton our ancessors pick in the cotton field.*
Red be – *The apple that fell from the tree that split in 4 perses one for the neitas one for kings one for the crips and one for all those who oppose Blood. As I look up in the sky a fear dropt fall from my right eye i wonder why my homie had to die dam i miss my homie O.G. Tye.*
Red be like – *5 popin & droppin 5 alive & must die*
Crip killer Folk killer till my casket drop & foot under

Noir –
Vert – La couleur de notre argent, de l'herbe que nous foulons et de celle que nous fumons.
Brun – La couleur de la guerre et de la victoire.
Blanc – La couleur du champagne qu'on déverse au nom de nos frères assassinés. (On pourrait aussi dire: «La couleur de la colère qu'on déverse au nom de nos frères assassinés». Par conséquent, deux interprétations sont possibles pour cette phrase, soit l'expression de la vengeance, soit le geste symbolique de boire à la santé des martyrs qui sont morts pour la bande.)
Beige – La couleur du coton cueilli par nos ancêtres esclaves sur les plantations.

Rouge — La couleur de la pomme tombée de l'arbre qui s'est divisée en quatre quartiers, un pour les *Neitas* (une bande carcérale du pénitencier de Rikers Island, hispanique, ennemie des *Bloods*, appelée aussi *Neta*), un pour les *Kings* (une bande *carcérale, du pénitencier de Rikers Island, hispanique, ennemie* des *Bloods,* appelée aussi *Latin Kings*), un pour les *Crips* (une grande famille de bandes ennemies des *Bloods*) et un pour tous ceux qui s'opposent aux *Bloods*. Yeux tournés vers le ciel, une larme lacère ma joue: «Pourquoi t'es mort, O. G. Tye [Omar Portee, alias O. G. Mack, est le fondateur de la United Blood Nation.]? Merde que tu me manques, mon frère.» Le rouge, c'est les cinq qui sont tombés avec du plomb dans la tête et ces cinq autres qui sont vivants, mais plus pour longtemps. Tueur de *Crip,* tueur de *Folk* je suis et resterai jusqu'à ma dernière heure.

C'est ainsi que les *Crips* et les *Bloods*, deux groupes ennemis, déferlèrent sur tous les États-Unis pour y exercer une suprématie économique et symbolique.

Qui sont les *Crips* et les *Bloods* montréalais ?

Puisque, historiquement, le système de fonctionnement en «collectivité» ou en «famille» est né aux États-Unis, nous pouvons nous demander pour quelles raisons il est apparu à Montréal. (Dans le prochain chapitre, nous examinerons ce qu'on entend par «famille»).

Plusieurs récits expliquent la situation actuelle montréalaise. Voici l'un d'entre eux. Dans les années 80, les jeunes de Montréal-Nord, de Rivière-des-Prairies et de Pie-IX/Saint-Michel avaient l'habitude de se retrouver dans un parc de Pie-IX pour jouer au basket-ball. À la suite de plusieurs conflits lors des matchs, ces jeunes se sont subdivisés en cliques sous la bannière territoriale en s'inspirant de ce qui se passait aux États-Unis et ont tout simplement choisi leur couleur. Ces bandes ne se seraient donc pas constituées dans un but lucratif, mais plutôt dans celui de résister à un environnement hostile et de combler des besoins primaires de survie, en l'occurrence ceux de la protection du groupe et de la protection du territoire. Pourquoi alors avoir choisi le système *Bloods/Crips*? Tout simplement parce qu'il existait déjà aux États-Unis et fonctionnait fort bien!

Cependant, les *Crips* et les *Bloods* montréalais sont différents de leurs homologues américains. En effet, aux États-Unis, les *Bloods* se sont formés en opposition aux *Crips*, qui s'étaient eux-mêmes formés en réaction à la discrimination raciale dont la population noire était victime. Alors qu'à Montréal, ces deux familles sont nées à la même période d'un besoin de protection des quartiers et des frères. Puis les enfants ont grandi et, en regardant les adultes mais surtout en les fréquentant, ils ont compris qu'ils pouvaient faire beaucoup d'argent grâce à leur force associative. Les organisations criminelles sont devenues leurs maîtresses d'école dans le milieu illicite. En somme, ces familles montréalaises ont su adapter à leur réalité le modèle étasunien.

Si, dans les années 80-90, les familles avaient des activités criminelles par besoin de protection, aujourd'hui, elles ne sont guidées que par la rentabilité économique. La bande est devenue un «business» qu'il faut gérer en fonction du marché. Finies les belles valeurs de solidarité familiale qui liaient les membres d'une même clique; seule la rentabilité compte, même si, pour l'assurer, il faut éliminer des membres inactifs ou nuisibles. À l'image des sociétés individualistes, les membres des bandes veillent égoïstement à combler leur propre besoin et ne réinvestissent plus, comme avant, dans la communauté.

GUERRES ET PAIX : DES STRATÉGIES DE LUTTE POUR LE CONTRÔLE DU MARCHÉ ILLICITE

Les guerres de gangs sont souvent associées à une lutte ethnique ou au contrôle de territoires. Il est vrai que les bandes de rue peuvent avoir à s'affronter pour des raisons territoriales, d'autant plus que les territoires en question sont souvent des points de vente de produits illicites. Toutefois, les bandes majeures actuelles ne perdent plus leur temps à se battre pour des motifs ethniques, puisque seule la rentabilité économique les intéresse. De ce fait, des bandes de même appartenance ethnique se bagarrent parfois pour acquérir ou conserver le contrôle de certains territoires, dans le but ultime de maintenir leur compétitivité sur le marché illicite.

Cependant, il paraît de plus en plus évident que les guerres sont des occasions de maturation et de construction d'une image, surtout chez les bandes de peu d'envergure ou sous le contrôle de groupes dominants. En établissant leur réputation, ces bandes prennent progressivement leur place sur le grand échiquier du commerce illicite. De plus, elles acquièrent la réputation d'être dangereuses et se protègent ainsi des risques du milieu criminel. Car qui oserait s'attaquer aux *Hells Angels*, à la mafia chinoise ou encore aux *CDP*?

Le souci de l'image semble beaucoup plus présent chez les bandes en grande partie composées de mineurs. Ceux-ci sont généralement utilisés comme des soldats sur les champs de bataille. En arrière-plan, les bandes de jeunes adultes et d'adultes planifient des stratégies de combat et des alliances économiques. Les guerres deviennent alors des occasions de créer des alliances avec des groupes plus puissants, en l'occurrence les organisations criminelles. Ces alliances permettent aux bandes d'augmenter leurs ressources humaines et économiques ainsi que d'étendre leur territoire. Cependant, elles leur apportent aussi de nouveaux ennemis et de nouvelles zones territoriales de conflit. Par exemple, lorsque la bande des *CDP* s'est alliée aux *Hells Angels* dans les années 90, la bande des *Bo-Gars* a été contrainte de faire la même chose avec les *Rock Machines* (appelés actuellement les *Bandidos*), au risque de se voir rayer de la carte. En définitive, ces alliances avec des organisations criminelles ont contribué à la maturation de ces bandes, qui sont devenues de plus en plus fortes et organisées.

Les familles impliquées dans le déclenchement des actes de violence commis durant le printemps 2004 au centre-ville de Montréal étaient les mêmes que dans les années 90: les *Crips* (les bleus) et les *Bloods* (les rouges). Ce conflit était peut-être une lutte de pouvoir afin d'obtenir le contrôle des territoires. Pourtant le centre-ville a toujours été considéré comme une zone neutre pour les bandes de rue, puisque plusieurs groupes criminels y font chaque jour le commerce de leurs produits. Mais après tout, la guerre des gangs qui sévissait dans les années 90 s'est tenue d'est en ouest, et c'étaient des enfants qui combattaient pour défendre les intérêts économiques des adultes, au nom de l'image, de la bande, de la famille, des amis, de l'honneur… La *vendetta* était sans doute en jeu, mais aussi le désir de rentrer dans la cour des grands.

La première guerre entre les deux familles antillaises montréalaises

Toutes les guerres ont pour origine les intérêts économiques et le vif désir de pouvoir d'une poignée d'individus, d'une classe dirigeante. Sur le grand échiquier des conflits, les combattants ne sont que des pions servant une cause, une idéologie de pacotille mise en avant par des politiciens opportunistes n'ayant qu'un seul objectif: étancher leur soif de pouvoir et d'argent. Dans le monde parallèle, les groupes se font et se défont au gré des assassinats, des arrestations et des alliances. Les liens avec les dominants sont la garantie de survie des uns par rapport aux autres.

Mis à part certaines bandes asiatiques, trois bandes antillaises dominaient dans la grande région montréalaise au début des années 90: la bande *Family* (Rivière-des-Prairies), la bande *Master-B,* avec un B pour Beauvoir, nom de son membre fondateur (Montréal-Nord) et la bande *Bélanger* (Pie-IX et Saint-Michel). Ces bandes étaient uniquement composées d'adultes et privilégiaient un recrutement familial, ou éventuellement de copinage.

La bande *Bélanger* avait sous sa coupe deux autres bandes: les *Krazz Brizz* (nom d'un dieu vaudou) de Saint-Michel, composée de jeunes adultes et de mineurs (de 17 à 20 ans) et les *Crack Down Posses* (*CDP*) de Pie-IX, alors formée de jeunes de 13 à 15 ans. Parallèlement, la bande *Family* avait aussi sous son contrôle une bande de mineurs, des jeunes de 13 à 15 ans, appelée les *Bad Boys*. Cette dernière avait elle-même sous sa domination des bandes dont les membres étaient encore plus jeunes, qui changeaient très souvent de nom et dans lesquelles le recrutement était essentiellement familial. Comme de raison, la bande *Master-B* contrôlait une bande de jeunes de 16 à 20 ans, appelée les *Bo-Gars* et ayant sous sa responsabilité une bande de jeunes de 13 à 15 ans, les *Bo-Juniors*. Cependant, dans le secteur de Rivière-des-Prairies, une petite bande de jeunes de 14-15 ans, les *BBS*, indépendante de la bande *Family*, tentait de prendre sa place sur le territoire.

En ce temps-là, les mineurs de toutes ces bandes partageaient les mêmes lieux de socialisation (cinémas, restaurants, arénas, clubs, sortie des écoles, etc.) et parfois les mêmes les écoles. Leurs rencontres dans ces endroits publics déclenchaient souvent un grand nombre de batailles, mais qui n'avaient pas encore atteint leur paroxysme sur le plan de la violence. Les jeunes garçons se battaient pour impressionner les filles et pour se forger la réputation de grands méchants loups. Ils avaient des chaînes, des machettes et des battes de base-ball, mais aucune arme à feu n'avait encore fait son entrée dans la vie de ces enfants, puisque le monopole de ce genre d'armes était essentiellement entre les mains des membres d'organisations criminelles et de certains adultes ayant des contacts avec des membres de ces organisations. Néanmoins, attaques et contre-attaques se succédaient, le règne de la *vendetta* débutait insidieusement. Ces jeunes ne se battaient pas avant tout pour l'argent ni pour un territoire, comme le faisaient les bandes d'adultes, mais plutôt pour construire leur image et venger la mort d'un frère, d'un ami ou d'une conjointe. Finalement, ce qui n'était au départ que des bagarres de «cour de récréation» dégénéra rapidement en une guerre sans merci.

Ils ont commencé à utiliser des machettes et des armes à plomb, des babys guns. On trouvait les machettes à la maison, car nous autres, les Haïtiens, on a tous des machettes à la maison. Les armes à plomb, on les trouvait dans les surplus de l'armée. On demandait aux grands d'aller les acheter. Les gars de Family. *Les gars de* Bad Boys *avaient des grands frères dans* Family.

En 1993, Kester est mort. C'était un leader. Kester s'entendait bien avec les autres leaders. Kester avait beaucoup de filles qui l'aimaient, et les gars voulaient tous être chums avec lui à cause des filles. Et il avait beaucoup d'argent dans ses poches; il faisait beaucoup de deals, [cambriolait] des maisons, volait des radios d'auto, les aillerons

des voitures… Il vendait les morceaux des voitures sans aucun pro-
blème. Ils ont donné à Kester 13 coups de couteau. Et là, les gars de
Bad Boys *voulaient se venger. En ce temps-là, les armes qui avaient*
commencé à rentrer, c'étaient des 12. Les Magnums 38, tu trouvais
pas ça encore. Les 12, tu pouvais trouver ça dans les maisons, et à
RDP, y a beaucoup de monde qui chasse. Donc, Kester trouvait des
12 et coupait le canon.

Les Bo-Gars, *eux, ils étaient pas vraiment dans la guerre. Sauf*
qu'ils nous aidaient. Ils achetaient des armes. Ça c'était du temps de
Madochi, qui a été expédié à Haïti. Eux autres, ils faisaient des hold-
up, des gros deals. Les armes, ils les achetaient aux Blancs. Dans ce
temps-là, on sortait beaucoup avec des Québécoises, car les Noires,
elles avaient peur de sortir avec les gars de gang. Donc, ces Blanches
connaissaient les gars de BBS *aussi et ont donné rendez-vous à Kester,*
sauf que là, on sait pas comment ça s'est passé. Les gars de BBS, *la*
Taupe, Scoubidou et d'autres sont venus. Ils se sont battus, et Kester
avait un 12, mais il était de dos et les autres lui ont sauté dessus avec
les couteaux. Il n'a pas pu tirer. Ils lui ont coupé les oreilles. Mon ami
a été traumatisé. Il ne croyait pas que Kester allait mourir. On a fait
son exposition et son enterrement. Et tout le monde a vu que c'était
vrai. Que c'était plus un jeu d'enfant.

La colère et la vengeance sont venues. Ils ont commencé à cher-
cher des armes, et c'est là que tout a vraiment commencé. Ils se cher-
chaient des 12 et d'autres calibres. Les petites armes ont commencé à
rentrer. Ils faisaient des maisons et trouvaient aussi des 12 et des 22,
mais tu trouvais pas des 38, des 45 ni des 9 mm. Des 22, il y en a à
roulette, donc ça faisait un petit gun. Ça tue pareil. Les armes circu-
laient de main en main. Les plus vieux, c'était plus facile pour eux de
trouver des armes, parce qu'ils avaient fait le pénitencier, et au péni-
tencier, y avait les bikers. Ils avaient plus de contacts avec les Blancs,
et les Blancs, ils trouvent des armes facilement, je sais pas comment.
Les plus vieux, ils donnaient ça aux plus jeunes. Les plus jeunes, ils
n'avaient pas de contacts avec les bikers. (Patrick, 19 ans)

Durant les années 1992 à 1996, on assista donc à une montée de la violence et à la fusion de plusieurs bandes. Après tout, ne dit-on pas que l'union fait la force? Les dirigeants des bandes de mineurs avaient compris que seule l'union des forces humaines, matérielles et logistiques pouvait aboutir à une victoire. Forts de l'aval des bandes d'adultes les chapeautant, les groupes de mineurs procédèrent à plusieurs remaniements structurels, mais aussi à des fusions de territoires. La bande des *BBS* de Rivière-des-Prairies fut la première à fusionner avec celle des *CDP* de Pie-IX. Cette fusion allait permettre à ces deux groupes d'avoir un front commun plus fort contre leur adversaire: la bande des *Bad Boys*. La bande des *Bad Boys* répondit en fusionnant avec celle des *Bo-Juniors*, ce qui réunit Rivière-des-Prairies et Montréal-Nord. Une nouvelle bande fut alors constituée, mais elle conserva le nom de *Bad Boys*.

Si les bandes d'adultes appuyaient leurs bandes de mineurs dans leurs bagarres, il n'en demeure pas moins qu'elles n'avaient pas les mêmes champs de bataille que ces bandes et tendaient souvent à éviter de se mêler à leurs rixes. En fait, elles leur fournissaient les outils nécessaires, que ce soit des armes à feu, une idéologie de combat ou une cause à défendre, mais elles ne mettaient pas vraiment la main à la pâte. Par contre, elles récoltaient toutes les retombées économiques des conflits entre jeunes, qui conduisaient notamment à l'élimination de la concurrence. Tout comme les batailles, les fusions se faisaient entre des bandes composées de personnes à peu près du même âge. Rarement, une bande d'adultes acceptait de fusionner avec un groupe de mineurs, l'âge étant un élément important. Par conséquent, les plus jeunes se devaient de gagner leurs galons. À propos des fusions, il est également à noter qu'elles n'augmentaient pas seulement la force des bandes grâce à un plus grand nombre de membres, de ressources et de territoires, mais aussi leurs contraintes, en raison d'un plus grand nombre d'ennemis et de nouvelles zones territoriales de conflit.

Une fois constituées, les nouvelles bandes des *CDP* et des *Bad Boys* s'engagèrent dans une terrible guerre, durant laquelle de nombreux combattants tombèrent sur les champs de bataille. Certains combattants y perdirent un frère, une conjointe ou un cousin, et ce, des deux côtés. Ce qui n'était au départ que des bagarres enfantines était devenu une abominable *vendetta*. Tandis que les bandes d'adultes défrayaient la chronique et se réjouissaient de l'effet médiatique sur la construction de leur image, le sang des mineurs coulait sous les bannières *Master-B*, *Bélanger* et *Family*. Face à cette escalade de la violence qui non seulement décimait les bandes de mineurs, mais aussi affaiblissait les bandes d'adultes les chapeautant, une nouvelle alliance fut conclue. Et cette alliance allait changer définitivement la dynamique de cette guerre et, surtout, le visage de ces groupes.

La bande *Bélanger* fut la première à réaliser une alliance avec une organisation criminelle, en l'occurrence les *Hells Angels*, ce qui renforça le groupe dans son ensemble. Cette alliance lui apporta une belle diversité de stupéfiants et une plus grande accessibilité aux armes à feu. Et à partir de ce moment-là, il parut évident qu'une guerre ne pouvait plus être gagnée sans argent, puisque l'argent permettait d'acheter des armes. Or la vente de stupéfiants, dont la cocaïne nouvellement introduite par l'intermédiaire des *Hells Angels*, était un moyen rapide de remplir les coffres.

Forte de son alliance avec les *Hells Angels*, la bande *Bélanger* pu participer au financement de la guerre que livraient les *CDP* aux *Bad Boys*, en leur fournissant de la cocaïne et des armes à feu. Notons que les *Krazz Brizz*, l'autre bande de la famille *Bélanger*, ne participaient nullement à cette guerre, mais procuraient aussi des armes et de la drogue à tous les *CDP*. Par conséquent, les conflits devinrent beaucoup plus meurtriers, car les jeunes ne se battaient plus avec des armes blanches (couteaux, machettes, etc.) ni avec des chaînes, mais avec des armes à feu.

Par la suite, les *CDP* et les *Bad Boys* perdront leurs dirigeants, et pour pallier cette perte, la bande des *CDP*, alors composée de jeunes de 17 à 20 ans, décidera de fusionner avec celle des *Krazz Brizz*, composée d'individus de 18 à 23 ans. Le dirigeant des *Krazz Brizz*, un certain Zéphir, prendra, avec ses frères, la direction de la nouvelle bande, qui gardera le nom de *CDP* et représentera la relève de la bande *Bélanger*. La rapidité à régler le problème de leadership et l'alliance avec les *Hells Angels* contribuera à l'affaiblissement de la bande des *Bad Boys*, malgré sa fusion avec celle des *Bo-Gars*. Sous l'appellation *Krazz Brizz*, une autre bande sera formée par l'un des frères Zéphir, qui préférera se dissocier de la bande des *CDP*. La soif de pouvoir des dirigeants rend difficile l'unité des bandes antillaises. Ce qui ne fait que les affaiblir au détriment des organisations criminelles et favoriser les arrestations policières. Tout le monde veut être «chef», mais il ne peut y avoir qu'un seul chef.

Ce fut une tout autre histoire avec la famille des rouges. À la suite de l'assassinat de leur dirigeant, les *Bad Boys* se retrouvèrent avec un conflit interne, voire une guerre intestine, dont allait pâtir leur compétitivité par rapport à la famille des bleus. Alors âgés de 18 à 23 ans, ils fusionnèrent avec les *Bo-Gars*. Sous le nom de *Bo-Gars,* une nouvelle bande vit le jour, bande qui acquit rapidement le statut de bande mère à la place des bandes *Master B* et *Familly*. Certains membres des *Bad Boys*, les plus jeunes, tentèrent de garder leur nom. Toutefois, après quelques mois d'activité, cette bande fut dissoute et remplacée par les *Bo-Juniors,* qui devinrent officiellement la bande fille de la nouvelle bande mère des *Bo-Gars.*

Contrairement à la bande mère des *CDP*, les *Bo-Gars* durent faire face à des purges internes à la suite d'une contestation du leadership, ce qui contribua à une plus grande compétitivité de la bande des *CDP* et à leur suprématie militaire. En fait, lors de la fusion entre les bandes des *Bad Boys* et des *Bo-Gars*, une course au leadership partagea ce groupe entre une clique menée par le remplaçant du dirigeant assassiné, dont le leadership était d'ailleurs contesté, et plusieurs autres petites cliques. Nous avons tenu à comprendre les raisons de cette remise en question du leadership, puisque, «légalement», le dirigeant assassiné avait choisi avant sa mort son remplaçant officiel. Nous avons alors appris deux choses : d'une part, ce remplaçant provenait du secteur de Rivière-des-Prairies et non de Montréal-Nord et, d'autre part, à la différence de la bande mère des *CDP*, il refusait de conclure une alliance avec les motards, alliance que souhaitaient les membres issus de Montréal-Nord (la lignée des *Bo-Gars*). Ce nouveau dirigeant estimait qu'une alliance avec les motards risquait de mettre en péril l'autonomie de la bande et refusait en outre de «travailler pour des Blancs». Cet acteur était soutenu dans ses décisions par les ex-membres des *Bad Boys*, mais aussi par ceux des bandes juniors des *Bad Boys* et par la bande *Family*, déjà dissoute.

Au départ, la fusion des bandes des *Bad Boys* et des *Bo-Gars* unissait non seulement ces deux clans, mais aussi les bandes mères *Family* et *Master-B*. Cette nouvelle bande mère (les *Bo-Gars*) était alors sous la direction du bras droit du dirigeant de la bande *Family* qui était sous les verrous. Comme nous l'avons précédemment mentionné, les membres de Montréal-Nord, donc des acteurs beaucoup plus âgés que le nouveau dirigeant, contestèrent cette nouvelle direction. Face à cette remise en question du leadership, la bande mère des *Bad Boys* se divisa en deux sous-groupes, tous deux se faisant appeler les *Bo-Gars* et œuvrant sur les mêmes territoires.

Afin de permettre une meilleure compréhension de ce remue-ménage interne, nous nommerons «*Bo-Gars 1*» la bande dirigée par le successeur du dirigeant de *Family* et «*Bo-Gars 2*» les dissidents. Il semblerait que les *Bo-Gars* 1 étaient supérieurs aux *Bo-Gars* 2 sur les plans de l'organisation et de la compétitivité. Par ailleurs, le dirigeant des *Bo-Gars* 1 avait apparemment hérité, du dirigeant de *Family,* de tous les contacts importants et achetait les produits à certaines organisations criminelles, comme les *Hells Angels,* sans pour autant servir de fournisseur de combattants ou de détaillants. Il souhaitait garder le statut de grossiste indépendant. Néanmoins, avec un statut pareil, il était difficile de gagner autant d'argent que la bande des *CDP* et de bénéficier d'autant d'avantages qu'eux. En fait, comme la bande des *CDP* travaillait pour les *Hells Angels,* elle pouvait avoir de la drogue sans la payer d'avance et obtenir toutes les armes à feu qu'elle voulait ; en contrepartie, elle pouvait servir de troupe de combattants. Bref, l'indépendance des *Bo-Gars* 1 ne semblait pas plaire à plusieurs groupes, car cette bande contrôlait tout Montréal-Nord.

Un matin, au coin d'une ruelle, le dirigeant des *Bo-Gars 1* fut assassiné. D'après la version officielle de la rue, ce meurtre aurait été l'œuvre des *CDP*. Cependant, selon la rumeur, il aurait été commandé par les adultes des *Bo-Gars 2* et exécuté par l'intermédiaire de la bande des *CDP,* afin que les membres des *Bo-Gars* 1 et 2 ne puissent pas soupçonner qu'il s'agissait d'une purge commandée de l'intérieur. En ce cas, pourquoi les *CDP* auraient-ils accepté ce contrat? Pour éliminer la concurrence? Pour ouvrir un nouveau marché aux *Hells Angels*? Pour mettre fin à une guerre qui durait depuis le début des années 90? La question demeure sans réponse. Mais il reste que la bande fut dissoute, que certains jeunes auraient été arrêtés pour avoir tenté de venger leur dirigeant et que d'autres seraient morts.

À la suite du décès du dirigeant des *Bo-Gars 1* et des derniers règlements de comptes, les différentes cellules se seraient unies pour reformer une nouvelle bande mère renommée *Bo-Gars*. Cette bande aurait alors conclu de nouvelles alliances, entre autres avec les *Rock Machines* – appelés maintenant les *Bandidos* –, afin d'être de nouveau plus concurrentielle sur le marché illicite et d'égaler, sur le plan militaire, l'ennemi de toujours, les *CDP*. Certains membres resteront malgré tout des *Bad Boys*. Vers le milieu des années 90, on assistera à une cristallisation de deux grandes familles sur le territoire montréalais: la famille des *Crips* (les bleus) et celle des *Bloods* (les rouges).

Après, il y a eu le gars de BBS *qui a été assassiné avec sa blonde. Ricardo, dit Toutou. Sa blonde était enceinte; elle était dans un centre jeunesse. Elle s'est fait descendre avec lui. Ça a aggravé la guerre. Pis, y a eu un autre leader des* Bad Boys *qui s'est fait tirer. Mais la vengeance s'est faite un mois plus tard: un des gars s'est fait tirer sur son balcon, il a pris une balle dans la tête et une dans la poitrine, et un autre a été frôlé par deux balles, à l'oreille et à la jambe, mais il n'est pas mort. Les gars qui ont fait ça se sont sacrifiés pour ce leader. Quand c'est arrivé, y avait comme un couvre-feu à Montréal-Nord. Personne ne sortait de chez lui. Si t'étais un gars de gang, fallait pas sortir... sinon, c'est sûr que tu te faisais tirer. Y avait la police, sauf que le monde s'en foutait. La police s'en est mêlée, mais pas comme elle aurait dû. Elle ramassait les cadavres, c'est tout. Tu pouvais pas marcher dans la rue. Tout le monde, même les gens normaux, avait peur de marcher dans les rues. Comme, l'été, la nuit arrive tard, dès que ça commençait à être noir, chacun rentrait chez soi, car tout le monde savait qu'il y avait du danger. Chacun avait peur pour ses enfants. Quand ce leader est mort, y avait des enfants sur les bal-*

cons. Et quand ils ont tiré à la mitraillette, les balles sont parties partout! Ça a duré deux mois cette affaire. La vengeance a été faite, mais la guerre entre Bo et CDP n'est pas finie. Qui va mourir cet été? Je sais pas. Peut-être que ce sera moi! (Noa, 16 ans)

À travers cette parenthèse historique, on se rend compte que les batailles de «cours de récréation» peuvent parfois se transformer en une guerre meurtrière; que des petites bandes de jeunes peuvent devenir des bandes dominantes; que la guerre et l'argent peuvent amener les acteurs à conclure des alliances dangereuses avec les géants du marché illicite, entre autres les organisations criminelles; que la compétitivité dépend en grande partie des alliances; que les bandes majeures ne peuvent maintenir leur compétitivité sans l'appui de certaines organisations criminelles; que les idéalistes n'ont pas leur place dans ce marché cruel. Il est important de retenir que toutes les bandes de jeunes n'ont pas forcément des liens avec les organisations criminelles et que celles qui en ont, ne sont pas nées avec de tels liens. Autrement dit, les bandes qui possèdent des liens avec ces organisations ont dû les développer au fil du temps et en raison des contraintes environnementales en rapport avec le besoin d'être concurrentiel ou de survivre. Ces alliances du passé continuent d'influer sur le mode relationnel des bandes actuelles, et quelle que soit sa finalité, la guerre sème la mort sur son passage et contribue à affaiblir les uns au profit des autres.

Assistons-nous à une deuxième guerre entre les familles antillaises montréalaises?

À partir de la première grande guerre, qui a déchiré les deux familles antillaises montréalaises, les *Crips* et les *Bloods* ont contracté des alliances grâce auxquelles ils ont pu acquérir de l'expérience et prendre de l'envergure au cours des 15 dernières années. Par le conflit, ces bandes se sont renforcées et ont cristallisé leurs activités économiques. La dynamique des bandes montréalaises a donc changé et semble donner de plus en plus d'ampleur au phénomène des bandes à Montréal. Nous savons bien qu'une guerre peut changer la face du monde. Alors nous pouvons comprendre qu'une guerre entre des bandes puisse considérablement modifier les enjeux présents et futurs, les relations de force et de pouvoir. Les alliances contribuent au renforcement des uns au détriment des autres.

Depuis 2004, on rapporte dans les médias qu'une guerre de gangs sévirait au centre-ville. Que les bleus et les rouges seraient de nouveau en guerre. Que les bandes tendraient à vouloir conquérir les territoires laissés vacants par les motards. Qu'une guerre intestine ferait rage chez les *Crips*. Alors que se passe-t-il réellement? Une deuxième guerre entre les *Crips* et les *Bloods* se déroulerait-elle actuellement à Montréal? Lorsque les membres des deux familles se retrouvent au centre-ville ou ailleurs, ce n'est certes pas le grand amour. La méfiance et la haine les habitent, mais aucun jeune n'est capable de nous expliquer l'origine de cette guerre. Ils se plaisent à dire que l'hostilité date des années 90 et que la guerre provient d'un héritage, sans pour autant en comprendre le sens actuel. Un match de basket qui aurait dégénéré, une histoire de filles qui aurait mal tourné, les raisons de la guerre sont multiples et légendaires pour les jeunes.

Cependant, assistons-nous aujourd'hui à une nouvelle guerre entre *Crips* et *Bloods*? Nous en doutons fort. En fait, la guerre entre les *Crips* et les *Bloods* qui a débuté dans les années 90 ne s'est tout bonnement jamais arrêtée. Elle connaît simplement des périodes d'accalmie après les tempêtes. La guerre perdure et perd de son sens pour un grand nombre de combattants, qui ne comprennent plus vraiment les raisons de la haine ancestrale l'ayant déclenchée. À notre avis, diviser pour mieux régner demeure l'essence même de cette guerre. Une guerre commerciale et économique pour les leaders des bandes dominantes, composées essentiellement d'adultes, qui endoctrinent des enfants et des adolescents par une propagande où des mots comme famille, protection, solidarité, honneur et pouvoir servent plutôt à cacher l'enrichissement des uns sur le sang des autres.

Le centre-ville a depuis toujours été considéré dans le milieu illicite, notamment par les bandes de rue, comme une zone territoriale neutre. Toutefois, depuis l'arrestation massive des motards au printemps 2001, des doutes planent quant à l'éventualité d'une prise territoriale par certaines bandes de rue en ce lieu. Il est fort peu probable que les deux familles antillaises tentent de contrôler le centre-ville, puisque cette zone est reconnue comme neutre et que plusieurs groupes criminels différents y viennent traditionnellement faire le commerce de leurs produits. Pour ces deux raisons, il est fort peu probable que le centre-ville devienne une zone contrôlée par une minorité de bandes de rue, car ces dernières risqueraient en ce cas de se mettre à dos plusieurs autres organisations, comme les cliques mafieuses arabophones et maghrébines, les bandes latino-américaines, russes, vietnamiennes et cambodgiennes, les mafias russe, italienne, colombienne et chinoise, ainsi que les motards qui sont loin d'avoir disparu! Le Centre-Ville est beaucoup trop riche en groupes criminels bien structurés et bien implantés pour que les *Crips* ou les *Bloods* puissent réussir à y régner en maîtres. Alors comment expliquer les tueries dans ce quartier? Bien que la situation demeure assez obscure, on peut avancer quelques explications: elles peuvent résulter de tentatives désespérées des *Crips* et des *Bloods* de contrôler le centre-ville ou de simples règlements de compte dans une partie de Montréal où les bandes sont contraintes de se côtoyer. Il est quasiment suicidaire pour les *Bloods* d'aller dans Pie-IX/Saint-Michel résoudre des conflits, et il en est de même pour les *Crips* dans Montréal-Nord/Rivière-des-Prairies. Mais quoi de plus facile que de le faire au centre-ville, terre de tous les commerces et de toutes les rencontres?

Toutefois, certains informateurs prétendent que les deux grandes familles antillaises essaieraient de s'emparer du marché abandonné par les motards depuis la rafle policière du printemps 2001 et qu'elles ne comptent pas recéder les territoires sans combattre. De la même manière, le *Clan italien* ne voit pas d'un bon œil la montée de certaines bandes majeures et leur manque de respect envers les règles informelles du marché illicite. Gangs de rue, motards et mafia: un cocktail plutôt explosif. Les probabilités d'une guerre sanglante et meurtrière entre ces trois camps restent assez élevées, d'autant plus que, d'ici quelques années, un certain nombre de motards sortiront des pénitenciers. D'ailleurs, on assiste déjà à des affrontements ou à des règlements de compte entre les membres de quelques bandes et ceux de certaines organisations criminelles. De surcroît, dans plusieurs pénitenciers où les motards sont généralement incarcérés dans les mêmes ailes que des membres de bandes alliées, on a noté la présence de tensions entre ces groupes alliés. Il en est ainsi au pénitencier Leclerc, où les *Hells Angels* cohabitent avec les *Crips*, dans d'autres où ce sont les *Bandidos* qui sont avec les *Bloods*, ainsi qu'au Centre de détention de Montréal, communément appelé «la prison de Bordeaux». Les institutions carcérales étant des microcosmes, il est fort probable que la dynamique créée dans ces pénitenciers sera reproduite à l'extérieur, lorsque les motards sortiront de ces lieux de détention.

Par ailleurs, à la dynamique montréalaise s'ajoute la concurrence canadienne et internationale. Si certaines bandes majeures montréalaises ouvrent des «succursales» ou créent des partenariats au Canada et ailleurs dans le monde, on peut s'attendre à ce que certaines bandes «étrangères» trouvent le marché montréalais fort intéressant et souhaitent s'y ancrer. À l'image du commerce mondial pour les entreprises, le jeu se corse donc énormément pour les différents groupes criminels. Les luttes territoriales risquent d'être de plus en plus féroces, car même si les guerres ne sont pas toujours bénéfiques pour les affaires des combattants et que leur coût humain est élevé, elles peuvent permettre de conquérir des territoires, de consolider une réputation au détriment d'une autre et de récolter un joli butin. À qui profite une guerre? Aux vendeurs d'armes, majoritairement des États producteurs, et à l'industrie de la guerre. En général, les populations en payent toujours le prix fort. Le jeu est le même dans une guerre de gangs. Les soldats, majoritairement des mineurs, sont les personnes sacrifiées, et les profits économiques se retrouvent dans les mains des adultes qui écoulent leurs armes, mais aussi des stupéfiants. Il est alors important de maintenir une idéologie alimentant la haine envers le groupe adverse.

Depuis le printemps 2001, les gangs prennent la place des Blancs [les motards]. Les Crips *comme les* Bloods. *Qu'est-ce qui va se passer quand les Blancs sortiront? Ça, je ne sais pas, mais ils ne sont pas prêts à leur remettre le terrain. Pour l'instant, ça fait leur affaire [aux motards]. Ils se disent que les jeunes travaillent le terrain pour eux et que quand ils sortiront, ils récupéreront leurs territoires. Mais ça va pas se passer comme ça. Ça va être fou. Ça va être Blancs contre Noirs. Les motards et les Italiens ne voulaient pas que le crack entre en prison, mais pour les gars de gang, le crack, c'est leur affaire. Donc, maintenant, le crack rentre en dedans. Déjà, les altercations ont commencé dans les prisons. On a déjà vu des affrontements entre les gars de gang et la mafia italienne à Laval.* (Entrevue faite en novembre 2005.)

Si le centre-ville est un territoire neutre, il existe tout de même une frontière linguistique importante qui se reflète dans les échanges commerciaux. Cette zone est donc divisée en deux: la partie francophone, qui débute à l'angle des rues Sainte-Catherine et Université pour s'étendre vers l'est jusqu'à Pie-IX, et la partie anglophone, qui commence au même point pour s'étendre vers l'ouest. Du côté francophone, on retrouve inévitablement toutes les bandes de rue du nord et de l'est de Montréal ainsi que leurs alliés, les *Crips* et les *Bloods*. Leur clientèle est francophone et leurs commerces (restaurants, bars, clubs, bijouteries et autres magasins, etc.) sont tenus par des francophones. Dans cette partie, les affaires se traitent donc en français. Du côté anglophone, on trouve plutôt les bandes jamaïcaines et leurs alliés, ainsi qu'une clientèle et des entreprises anglophones. Par conséquent, toutes les affaires y sont négociées dans la langue de Shakespeare. Pour un membre des *Crips*, aller sur Sainte-Catherine et Amherst revient à pénétrer en terre étrangère. Il ne rencontrera aucun visage connu, car il est dans le quartier chinois. Ce quartier est très particulier, car il constitue une enclave anglophone dans la zone francophone, enclave sous le contrôle de la mafia chinoise. La suprématie de la mafia chinoise y est reconnue, et aucun autre groupe n'entre dans cette zone sans autorisation. Le centre-ville présente donc un clivage linguistique propre au Québec, une frontière invisible bien à l'image de celles divisant Montréal, voire de la fracture sociale et linguistique existant dans la population québécoise.

Chapitre 2
Fonctionnement des principales bandes
montréalaises

La plupart des bandes majeures ou dominantes s'organisent en «famille», soit un regroupement de plusieurs cliques ou cellules sous la même bannière. Quelques-unes sont même chapeautées par une organisation criminelle. Une famille se subdivise en bandes de différentes catégories en fonction, entre autres, de l'âge des membres. Cependant, toutes les bandes majeures n'adoptent pas forcément ce mode de fonctionnement. En effet, certaines préfèrent être plus indépendantes, ne faire partie d'aucune famille, et ce, même si elles sont issues d'une famille. Elles travaillent tout de même en réseau et entretiennent des liens étroits avec les différentes familles, selon leurs affinités respectives.

LES GRANDES FAMILLES

Les bandes de jeunes ne sont pas toutes problématiques, bien que bon nombre d'entre elles puissent s'adonner à la petite délinquance. En fait, les plus nuisibles sont minoritaires et dominent le marché illicite. Ce sont ces bandes qui font le plus de bruit et le plus de morts. Elles sont bien impliquées dans le trafic de stupéfiants, la prostitution juvénile, la fraude en tout genre, etc. En général, elles cultivent des relations avec des organisations criminelles et sont composées de membres d'âge variable, qui peuvent commencer leur éducation dès 8-10 ans et poursuivre leur carrière jusqu'à environ 45 ans. Elles comprennent donc aussi bien des mineurs que des adultes.

Les bandes dominantes peuvent fonctionner soit en grande famille, soit en groupes indépendants. Cependant, toutes travaillent en réseau, tant sur les plans régional et national que sur le plan international. Par exemple, les *Goodfellows*, groupe dont la plupart des membres sont d'origine jamaïcaine, ne font partie ni des *Crips* ni des *Bloods* et ne s'organisent pas en famille, mais ils commercent dans Côte-des-Neiges et entretiennent des liens avec les motards ainsi qu'avec une mafia implantée dans leur pays d'origine, la Jamaïque. Pour leur part, les bandes asiatiques et russes sont directement intégrées dans une structure «mafieuse», où les mafias chinoise et russe effectuent la sélection des meilleurs éléments.

Une grande famille est donc un regroupement de plusieurs bandes sous la bannière de l'appartenance à un même groupe territorial, de couleur rouge ou bleue, ethnique ou encore familial. Elle a une structure horizontale bien précise, qui se retrouve d'ailleurs dans la plupart des communautés de bandes de ce genre, quelle que soit leur composition ethnique. Elle privilégie la décentralisation tout en valorisant la fidélité des bandes membres de la famille. Elle fonctionne par palier générationnel et se subdivise en plusieurs types de bandes : les bandes mères, intermédiaires, filles et bébés. Notez que ces appellations me sont propres et découlent de la composition générationnelle de ces bandes. *Grosso modo,* les bandes mères dominent les territoires leur appartenant et ont sous leur contrôle les autres types de bandes, qui peuvent être considérées comme des «clubs de formation» ou encore des «clubs-écoles». Toutefois, les bandes filles et bébés sont indépendantes sur le plan de la gestion interne de leur groupe et même des territoires sous leur supervision, mais elles doivent un respect absolu aux anciens de la famille (les bandes mères). De ce fait, il arrive de temps en temps qu'un jeune impétueux se fasse descendre pour n'avoir pas respecté cette règle informelle. On assiste donc à une sous-traitance des territoires. La majorité des bandes mères procèdent à un recrutement par palier générationnel et privilégient une structure où les mineurs ne sont pas directement intégrés dans les groupes adultes.

Les bandes mères ou majeures

Une bande mère est constituée exclusivement d'adultes dans la vingtaine avancée et plus âgés. Cependant, les divisions générationnelles ne sont pas d'une rigidité absolue; elles dépendent de facteurs environnementaux (tels que des arrestations ou une guerre), démographiques (comme une sous-population), familiaux, etc. Par exemple, un mineur de 16-17 ans pourrait se retrouver dans une bande mère sous la recommandation d'un membre influent de sa famille, membre de la bande. Sans être le seul, l'âge est un critère d'avancement dans ce genre de structure, puisqu'il est normalement le garant d'une certaine expérience. Une diminution du nombre de membres, en raison d'arrestations ou de décès, peut aussi contribuer à l'accession d'un mineur dans une bande mère, surtout s'il est recommandé par un membre de sa famille. En situation de pénurie, l'âge devient très souvent une variable négligeable; à la guerre comme à la guerre! Toutefois, en règle générale, les familles privilégient la promotion graduelle des membres Autrement dit, les jeunes doivent faire leurs preuves dans les «clubs-écoles» avant d'avoir l'honneur de faire partie d'une bande mère.

Une bande mère dispose de beaucoup plus de ressources que les autres types de bandes. Elle contrôle la distribution, voire la production, de la drogue. Elle possède un bon roulement financier, la logistique, les armes et les contacts importants. Ce sont d'ailleurs les membres des bandes mères qui ont des liens avec des membres d'organisations criminelles. Elles constituent alors des ponts relationnels pour les bandes sous leur dépendance. Contrairement à certaines de ces dernières, elles ne favorisent pas la multiethnicité. Elles recrutent comme les organisations criminelles, c'est-à-dire par la voie du sang (la famille) et des amis proches. L'homogénéité ethnique des bandes mères ne provient pas d'une sélection intentionnellement ethnique des membres, mais plutôt d'un recrutement familial et d'acteurs qui se ressemblent, du fait qu'ils partagent leur existence depuis la plus tendre enfance. Ce mode de recrutement contribue à la création d'une solide relation de confiance entre les membres, diminue les risques d'infiltrations policières ou de membres de bandes adverses et permet la conservation des pouvoirs dans la famille. La solidarité ethnique, souvent relatée dans les écrits, semble plutôt être un élément de propagande destinée à de jeunes combattants en mal d'idéal et orchestrée par des dirigeants qui utilisent l'ethnicité pour se remplir les poches et garder le pouvoir dans un groupe de privilégiés.

Une bande mère a sous sa direction une ou plusieurs bandes filles et bébés, parfois des bandes intermédiaires, auxquelles elle fournit des ressources de toutes sortes et qui lui doivent en retour une allégeance totale. De plus, les bandes mères qui contrôlent plusieurs bandes filles, œuvrent sur divers territoires. Elles créent donc des espèces de «succursales» dans différentes régions du Québec, voire à l'échelle canadienne et internationale. La plupart des bandes mères fonctionnent de cette manière, quelle que soit leur composition ethnique. Nous assistons à un mouvement vers le bas où les acteurs sont de plus en plus jeunes et de plus en plus dépendants. Les anciens veillent à la formation des recrues en vue de leur éventuelle accession à la bande mère. Il y a beaucoup d'aspirants et très peu d'élus.

On avait 12-13-14 ans. On était 20. On était à Louis-Jo, quand on a vu les grands. Ils avaient des filles, ils avaient de l'argent. Et nous, on voulait faire comme eux. On est allés voir les gars de Pie-XI (les CDP) et on leur a dit qu'on voulait faire une clique. X est allé voir ça pour nous. Parce que c'est à lui que tout le monde fait confiance. C'est lui le boss, mais il nous consulte pour les décisions. X est allé voir Zéphir, Pirate… les boss quoi. Le boss, c'est Zéphir. Pirate, c'est son bras droit. Zéphir est en dedans actuellement, et Pirate le remplace. On leur a demandé la permission parce que c'est leur quartier; le quartier, c'est Zéphir qui dirige tout, Saint-Michel et Pie-XI. Pis, aussi pour qu'il nous donne des affaires pour partir notre groupe. Tu sais, des couteaux, des armes. T'as besoin de ça pour partir ta gang. Si tu te fais attaquer, tu dois te défendre. On pouvait avoir ça sans eux, mais bon, on les connaissait et on voulait avoir des back-ups aussi. Des gars plus forts, des gars qui sont dans des gangs plus fortes pour nous protéger, nous backer contre les gars du nord, les Bo-Gars. Les MOB, c'est la même affaire que nous. Ils sont contrôlés par les CDP. On a besoin de lui, et lui, il a besoin de nous. Pour faire les affaires.

Pour que sa business marche, tu comprends. Il nous donne des armes,
et des fois, on fait des affaires pour lui. On fait des contrats pour eux.
On tue pas pour eux. Ça peut être checker une femme [recruter des
filles] ou voler une machine [une voiture]. (Joé, 15 ans)

Les bandes intermédiaires

Les bandes intermédiaires sont des groupes dont la fonction première est de marquer la transition entre les bandes mères et filles. Les grandes familles n'ont pas forcément des bandes intermédiaires. Par exemple, la famille des *Bloods*, contrairement à la famille des *Crips*, n'en a pas, et ses bandes filles sont composées de jeunes âgés de 16 à 22 ans. Les bandes intermédiaires sont comparables à des classes transitoires où les étudiants doivent enrichir leurs connaissances avant d'accéder à l'étape finale de leur cheminement, la dernière sélection. Dans certaines familles, outre leur fonction formatrice, elles servent à unir plusieurs territoires placés sous la direction de différentes bandes filles. La famille des *Crips*, par exemple, utilise ce mode de fonctionnement dans certains quartiers, tels Saint-Michel et Pie-IX. Ce mode organisationnel contribue à une plus grande compétitivité sur le marché illicite, puisqu'il permet l'intégration des deux bandes filles des quartiers Saint-Michel et Pie-IX en une seule bande intermédiaire. Pareille organisation facilite donc l'unification des meilleurs éléments des bandes filles de différents territoires en vue de leur accession future et éventuelle dans la bande mère. Certaines bandes mères se retrouvent ainsi avec deux dirigeants, tactique préventive pour éviter les arrestations et les guerres intestines qui pourraient découler de luttes de pouvoir et aboutir à une division de la bande ou de la famille, donc du territoire. Cependant, avoir plusieurs rois dans le même royaume peut aussi engendrer une fragilité interne en cas de conflit entre les dirigeants. Dans le cas des bandes mères de la famille des *Crips*, ce genre de structure vise à diluer et à éliminer la fameuse rivalité entre Saint-Michel et Pie-IX.

Une bande intermédiaire n'est pas hiérarchiquement supérieure aux bandes filles, puisque tous ces groupes ne doivent allégeance qu'à la bande mère, qui favorise la solidarité «familiale». Par conséquent, les bandes intermédiaires et les bandes filles entretiennent généralement des relations cordiales de partenariat et de fraternité, sans qu'il y ait ingérence des premières ni subordination des secondes. Si les bandes mères et intermédiaires sont étroitement en lien avec les bandes filles et bébés, il n'en demeure pas moins qu'elles ne participent pas, sur le plan humain, aux conflits armés des mineurs, et ce, même si elles leur procurent des armes. La gérance interne des bandes reste donc sous la direction des noyaux centraux de ces groupes, en toute autonomie. Cette décentralisation contribue à la compétitivité de ces familles sur le marché illicite et démontre une certaine maturité – le terme *maturité* fait ici référence à une structure et à des méthodes de travail plus organisées, similaires à celles des organisations criminelles. En outre, la décentralisation ne facilite pas le travail des corps policiers, car elle offre à ces bandes une certaine autonomie qui les protège des arrestations. En arrêtant les membres d'une bande, la police ne démantèle pas forcément toute la communauté. Par contre, la décentralisation comporte un risque d'instabilité globale de la famille en cas de conflits internes à propos du leadership. Un dirigeant incontrôlable, même d'une bande fille, peut en effet déstabiliser toute une famille. Enfin, un peu à l'image des bandes mères, les bandes intermédiaires possèdent des ressources, notamment économiques et sociales (contacts), plus importantes que les bandes filles, mais moins significatives que les bandes mères. Elles favorisent le recrutement familial et d'amis proches, ce qui participe à leur homogénéité ethnique.

Les bandes filles ou en émergence

Les bandes filles sont constituées de mineurs et de jeunes adultes, de 16 à 21 ans. Néanmoins, certaines sont exclusivement composées de mineurs, de 15 à 17 ans. On observe ce cas de figure dans des familles où les jeunes doivent passer par des bandes intermédiaires avant d'accéder à la bande mère. Les bandes intermédiaires sont alors composées de jeunes adultes (18-21 ans), tandis que les mineurs (15-17 ans) se retrouvent dans les bandes filles. Comme les bandes intermédiaires, les bandes filles n'ont pas de liens avec les organisations criminelles.

Les bandes filles fonctionnent de la même manière que les bandes mères. Elles ont sous leur responsabilité une ou plusieurs bandes bébés, auxquelles elles fournissent des ressources variées, entre autres de la drogue et des armes, puis qu'elles utilisent comme des détaillants (vente dans la rue) et des troupes de combattants (foyer de recrutement). D'ailleurs, les bandes bébés ne pourraient exister sans l'accord des bandes filles, qui leur donnent en quelque sorte l'autorisation de « travailler » sur leurs territoires, initialement ceux des bandes mères. En outre, malgré la tendance à l'homogénéité ethnique dans les organes de décision et de pouvoir, les bandes filles tendent à la multiethnicité. Enfin, elles possèdent certaines ressources, mais beaucoup moins importantes que celles des bandes mères.

Les bandes bébés

La bande bébé est considérée comme la classe des tout-petits. Elle est constituée exclusivement de mineurs de 10 à 14 ans et dépend presque toujours d'une bande fille. Elle possède peu de ressources et favorise la force du nombre. Elle peut donc être très multiethnique et avoir dans son entourage une ou plusieurs cliques d'aspirants, qui désirent s'intégrer dans le groupe et sont composées d'enfants de 8 à 10 ans.

Parfois, une bande fille peut être considérée comme une bande bébé par la famille, compte tenu de sa composition sexuelle. Par exemple, dans le quartier Saint-Michel, ce fut le cas des *Crazy Angels*. Cette bande, actuellement dissoute, était exclusivement composée de jeunes filles, âgées de 12 à 19 ans. Selon nos sources, elle était considérée comme une bande bébé par le reste de la famille des *Crips* et traitée en conséquence. La bande des *Crazy Angels* serait née à la suite d'une fusion de plusieurs bandes de filles de différents territoires. Elle comptait alors environ 150 membres. Elle favorisait un recrutement multiethnique, essentiellement basé sur les ressources, autrement dit sur les contacts intéressants, l'argent, l'expertise, etc., que les recrues pouvaient lui apporter. Cette bande était même vue comme « une clique internationale », en raison de sa grande multiethnicité. En somme, même si la bande des *Crazy Angels* possédait des ressources beaucoup plus importantes et démontrait une plus grande compétitivité sur le marché illicite que la bande fille qui la chapeautait, c'est-à-dire les *NP*, elle demeurait, aux yeux de toute la famille, une bande bébé puisqu'elle était constituée de filles. Mais comme les retombées économiques et symboliques de ses actions revenaient inévitablement aux *NP*, elle bénéficiait en échange de leur protection, ainsi que de celle des *CDP*, la bande mère, d'autant plus que ces derniers avaient des membres de leur famille (des sœurs, des cousines, des nièces, etc.) dans cette bande féminine.

> *Les petits, là, qui nous suivaient, c'est eux qui vont nous remplacer, et nous, on remplace les anciens. Les petits, là, de 11-12 ans, pas plus que ça, ils ont déjà leur gang. Ils sont venus nous voir pour nous dire qu'ils allaient faire leur gang, et nous, on leur a dit qu'on allait les backer, tu comprends. Et les filles sont avec eux. Ces petits gars, c'est nos frères, nos cousins, nos amis. Les filles aussi ont leur clique. Les filles, c'est les* Crazy Angels. *Les filles sont avec eux, mais eux, ils supportent pas ça, parce qu'ils disent que les filles passent avant eux. On backe les* NG *et les filles. Pis, les* CDP *aussi les backent. Ils ont des sœurs là-dedans. Avant, les filles de Saint-Michel s'appelaient* SPG *et elles ont fusionné avec les filles de Pie-XI, de Rosemont, de Côte-des-Neiges, tu comprends. Elles sont 150 comme ça. Elles sont plus que nous. Nous, on les backe. Quand elles ont besoin d'affaires, on leur donne. Des couteaux, des armes, de la drogue... des affaires comme ça. C'est une clique internationale. Elles prennent tout le monde dans leur gang. C'est pas juste des Blacks. C'est comme nous. C'est le système qu'on a fait. On a des Italiens, tu comprends.* (Angel, 22 ans)

Les *Crazy Angels* étaient donc intelligentes, organisées, bien informées, efficaces et courageuses. Cette bande aurait pu revendiquer le statut de bande fille et créer par la même occasion sa filiale de bandes bébés féminines, voire, éventuellement, faire intégrer certaines de ses meilleures recrues dans la bande mère. Cependant, elle fut toujours maintenue dans un statut d'infériorité, pour la seule raison qu'elle était constituée de jeunes filles. En conclusion, le sexe semble avoir priorité sur la compétence, la compétitivité et même sur les ressources économiques. L'égalité des sexes n'existe vraiment pas dans le milieu criminel, où les femmes ne sont que des marchandises.

Le recrutement : une affaire de famille ?

Le recrutement est le nerf de la guerre, une source de renouveau et de pérennité. Une famille ou une bande ne peut survivre sans veiller constamment à son renouvellement. Or, depuis les années 80, on assiste à un vieillissement de la population des bandes montréalaises. En 1985, le SPVM dénombrait près de 70 % de jeunes âgés de 14 à 16 ans dans les bandes de rue, comparativement à 20 % âgés de 17 à 28 ans. En 2004, seulement 20 % des jeunes membres de bandes étaient âgés de 11 à 16 ans, comparativement à près de 60 % de jeunes de 17 à 28 ans et 20 % d'adultes de 25 à 35 ans. Avec un vieillissement aussi accentué, il devient difficile de parler de bandes de jeunes, d'autant plus que les bandes actuelles sont de plus en plus structurées à l'image des organisations criminelles. Si la population du Québec est en plein processus de vieillissement, les bandes de rue connaissent le même problème démographique, qui est d'ailleurs commun dans les sociétés occidentales. Cette situation ne veut pas dire que nous allons assister tout « naturellement » à une extinction progressive des bandes de rue, sous l'effet de la sélection naturelle. Bien au contraire, nous pouvons nous attendre à une politique axée sur le recrutement de plus en plus massif de jeunes, d'autant plus que les bandes de rue ont réussi à mettre en place une structure capable de survivre aussi bien aux aléas de la vie qu'aux arrestations et aux assassinats. La structure reste, tandis que les individus ne font que passer, qu'alimenter la machine. Des jeunes de tous les âges sont ciblés, et chacun trouvera sa place dans l'organisation. Que ce soit celui de simples combattants ou celui de futurs dirigeants, le recrutement est l'obsession des bandes de rue. Les sorties des écoles, les stations de métro, la rue, les fêtes et autres lieux de socialisation des jeunes sont non seulement des points commerciaux, mais aussi des endroits offrant des occasions de gonfler les rangs.

Le vieillissement des membres des bandes entraîne également le recrutement de garçons de plus en plus jeunes, n'ayant parfois que 8 ans. Si, dans le monde, de jeunes enfants sont de plus en plus souvent enrôlés dans les armées (on compte aujourd'hui 300 000 enfants soldats dans le monde), au Québec, les jeunes membres de bandes, c'est-à-dire des enfants et des adolescents, participent d'on ne peut plus près à la guerre de la drogue, pour remplir les poches des adultes qui gèrent leurs bandes comme des entreprises. De façon répressive ou préventive, le Québec doit agir contre cette nouvelle forme de travail des enfants ou encore de recrutement militaire.

Les bandes mères préfèrent recruter leurs membres à l'intérieur des bandes intermédiaires, filles et bébés de la grande famille, puisque les membres de ces bandes-là ont déjà été rigoureusement sélectionnés. Les bandes intermédiaires, filles et bébés privilégient, elles aussi, le recrutement intrafamilial. Ce qui ne les empêche pas d'aller chercher des membres à l'extérieur de la famille, de préférence des individus rattachés au territoire de la famille, et ce, depuis très longtemps. Autrement dit, un jeune fraîchement arrivé de l'étranger ou d'un autre territoire ne pourrait pas entrer dans une famille immédiatement, à moins qu'il ne soit engagé dans un but bien précis pour une action ponctuelle. Il doit d'abord faire ses preuves. Toutefois, certaines familles seraient moins pointilleuses et recruteraient même des jeunes provenant de territoires qui ne leur appartiennent pas. Il est à souligner que le recrutement intrafamilial contribue à l'infantilisation des bandes intermédiaires, filles et bébés, puisque leurs meilleurs éléments sont directement intégrés dans la bande mère.

Contrairement à ce que pensent la plupart des gens, les bandes de jeunes ne sont pas toutes «monochromes». Nous n'avons pas de statistiques exactes sur le nombre de leurs membres, mais nous savons que les bandes multiethniques ne sont pas des cas atypiques. D'ailleurs, bien des bandes filles et bébés sont au départ multiethniques et procèdent par la suite à une espèce de filtrage, au fur et à mesure que leurs membres se rapprochent de la bande mère ou encore des postes de pouvoir. Le recrutement ne répond donc pas à des critères ethniques, mais le mode d'attribution des pouvoirs favorise indirectement l'homogénéité ethnique aux niveaux hiérarchiques supérieurs, car on préfère donner en «héritage» les meilleurs postes aux personnes de la même famille et du même milieu que soi.

Dans les bandes de rue rivales ou amies, on trouve généralement plusieurs membres de la même famille, mais on en trouve davantage dans les mêmes bandes ou dans des bandes alliées. Dans les années 90, il était très fréquent que les bandes de rue antillaises présentent une forte homogénéité ethnique. Autrement dit, ces bandes étaient constituées seulement de Noirs. Aujourd'hui, elles seraient plus multiethniques, à l'exception des bandes mères, qui continuent de privilégier l'attribution du pouvoir à des personnes de la même famille ou du même milieu. Cette tendance à la multiethnicité est beaucoup plus nette dans les bandes composées de mineurs, donc les bandes filles et bébés. Ces jeunes se fréquentant depuis l'école primaire, la couleur de la peau ou l'ethnicité n'est pas pour eux un critère de recrutement comme il pouvait l'être dans les années 90. Les liens fraternels comptent, mais aussi l'appartenance à un même quartier et à une même école, ainsi que le partage des mêmes malheurs ou des mêmes ennemis. La solidarité ethnique semble avoir laissé la place à une solidarité plus socioéconomique, inspirée par des valeurs et une vision de la vie communes. Cependant, on constate une fois encore que plus on se rapproche des organes ayant un pouvoir décisionnel ou tout simplement le pouvoir, plus la bande devient homogène ethniquement. Plus les jeunes prennent de l'âge, plus ils montent dans la hiérarchie, pour se retrouver dans des bandes de plus en plus structurées, où l'homogénéité ethnique est de plus en plus forte. Cependant, il est fort probable que, dans les années à venir, les bandes mères tendront à s'ouvrir davantage à la diversité ethnoculturelle.

J'étais dans les PN, *les* Ponto Negro. *Mon cousin était là-dedans, ça faisait longtemps. Quand j'étais vraiment jeune, il l'avait repartie [la bande]. Parce que avant eux, y en avait d'autres qui avaient parti la gang. Ça s'était arrêté, pis mon cousin et d'autres gars, ils ont repris ça. L'ancienne gang là, je ne l'ai pas connue, mais mon cousin et ses oncles à lui étaient dans cette gang. Pis, mon frère de 20 ans là, il était avec mes cousins dans la nouvelle gang, mais qui s'appelait encore* PN. *Moi, j'étais pas avec mon frère et mes cousins dans cette gang. Moi, j'ai recommencé la gang après que celle de mon frère se soit arrêtée. Le chef, c'est mon meilleur ami. Moi, j'étais son bras droit. Y avait de tout dans notre gang là. Y avait un Arabe et des gars comme moi:*

moitié latinos, moitié québécois, mais y en avait pas beaucoup. Tout le reste, c'était des Latinos. Y avait aussi un Russe. (Alex, 17 ans)

L'homogénéité ethnique s'explique: au fil du temps, une bande procède à la sélection de ses meilleurs éléments à partir de critères tels que la confiance, la famille et le passé que les membres ont en commun. Bien que le maintien de la cohésion de la bande dépende beaucoup de la confiance, il demeure étroitement lié aux liens familiaux qui unissent un bon nombre de membres de bandes. En outre, même s'ils trouvent cela illogique, les membres de bandes font davantage confiance aux personnes de la même «ethnie» qu'eux. À notre avis, leur méfiance à l'égard des autres personnes découle sans doute des guerres interethniques qui sévissaient sur plusieurs territoires dans les années 90. Si les bandes s'ouvrent actuellement à l'interculturalisme en favorisant un recrutement multiethnique et même «blanc», il reste que l'accession au pouvoir décisionnel est réservée à une élite, dont les membres sont tous unis par des liens tribaux. Il est bien évident que des groupes dont l'histoire est marquée par des conflits raciaux ne peuvent totalement tourner la page en quelques années. D'ailleurs, il est encore loin le jour où nous verrons un Noir ou un Arabe à la tête des motards ou de la mafia italienne. Il n'en demeure pas moins que pratiquement n'importe quel groupe, aussi homogène qu'il soit, ne se gêne pas pour faire des affaires avec les autres groupes ethniques, qu'ils soient blancs, jaunes, rouges ou noirs. L'argent n'ayant ni odeur ni couleur, il existe même des alliances entre les *Bloods* et le *Clan italien*. Certains groupes sont toutefois plus intransigeants, dans le sens où ils vont jusqu'à ne pas accepter de compromis avec des groupes ou des personnes de la même ethnie qu'eux. Les bandes asiatiques, par exemple, sont presque discriminatoires entre elles. Ainsi, une bande cambodgienne n'acceptera pas de Vietnamiens ou de Chinois en son sein, et vice versa. Quant aux bandes antillaises, elles peuvent se livrer une guerre sans merci.

En somme, l'homogénéité ethnique de certaines bandes de jeunes est davantage la résultante d'un système de «copinage» et de favoritisme familial que celle d'une «sélection ethnique» ou même d'un regroupement ethnique en opposition ou en réaction à d'autres bandes ou à la société d'accueil. Le mode de recrutement dont elle découle se retrouve aussi bien chez les groupes composés essentiellement de Québécois dits «de souche», comme les *Hells Angels*, que chez ceux composés des autres segments ethnoculturels. Ce filtrage, qui peut paraître basé sur des considérations ethniques, résulte, d'une part, d'un certain protectionnisme des positions de pouvoir par les dominants, qui préfèrent transmettre leurs acquis à des personnes issues d'une même lignée filiale et, d'autre part, d'un recrutement fondé sur des liens forts, familiaux ou fraternels.

Qui sont les jeunes recrues ?

Contrairement à ce qu'on pourrait croire, les bandes dites «majeures» ne recherchent pas des jeunes perdus et en perdition provenant de familles dysfonctionnelles. Comme toutes les organisations qui visent la rentabilité économique, ces bandes misent sur des membres qui peuvent leur rapporter de l'argent, des individus capables de fournir une valeur ajoutée à l'organisation tout en favorisant son expansion sur le marché illicite. Par conséquent, chaque membre a sa place dans une bande et exploite ses forces et ses compétences, prétendument pour le bien commun, mais dans les faits, plutôt pour remplir les poches de la minorité qui détient le pouvoir.

La compétence reste un critère «d'embauche» important. Dans le milieu des bandes, la compétence se caractérise par un grand courage, la capacité d'être un meneur, la discrétion, le sens des affaires et l'esprit d'équipe. L'incapacité à éprouver du remords, la fiabilité, la fidélité et l'honnêteté figurent aussi parmi les qualités recherchées. Un membre compétent ne doit pas décevoir la confiance de son supérieur ou de la bande. Il doit faire preuve de débrouillardise dans toutes les tâches qui lui sont confiées, être un bon communicateur et avoir un réseau de contacts diversifiés dans plusieurs domaines différents ; la polyvalence reste donc de mise. La bande étant une entreprise, elle valorise l'ingéniosité de ses membres et les meilleurs associés. Il est vrai que si un jeune a un membre de sa famille bien placé dans la bande il peut grimper plus rapidement et plus facilement les échelons que celui qui n'en a pas. Mais en général, l'avancement d'un jeune dépend en premier lieu des gains qu'il permet de réaliser.

C'est en fonction de ton âge, de ce que tu fais et de ce que tu sais faire. Moi, j'ai monté vite à cause de mon frère et de ce que j'ai fait. Je me suis beaucoup battu. Il fallait être le plus fort pour être considéré et avoir les bons contacts. Si t'as du monde de ta famille dedans, tu entres facilement et tu montes vite. Mais ceux qui n'ont pas de famille dans la gang, ils peuvent entrer et monter grâce aux amis. Moi, mon ami, il est entré grâce à moi et parce que deux de ses amis, leurs grands frères sont dans Bo. Mais tu dois aussi savoir comment faire des affaires. K., quand il me frontait [vendait à crédit] quelque chose, je lui remettais toujours. Il voyait que j'étais fiable. Il savait que j'étais bon dans la business. J'avais une réputation, à l'école, de gars de business. (Paul, 14 ans)

Être le plus fort est aussi une qualité importante dans le milieu. Les dominants sont généralement les possesseurs de gros capitaux ou de ressources considérables. Dans un monde où le lion dévore la brebis, la force physique, celle des armes ou celle du nombre, est grandement valorisée. Les «peureux», les faibles sont méprisés et écrasés, voire éliminés. D'ailleurs, les plus faibles physiquement tendent à acheter leur protection auprès des dominants, et un grand nombre de leaders s'entourent de «gardes du corps». Chaque bande peut avoir des «beefs» qui ont pour fonction de remplir des contrats d'assassinat ou de «nettoyage». Certaines bandes de jeunes servent aussi les intérêts de diverses organisations criminelles en exécutant des contrats pour elles.

Un jeune fort et brutal pourra grimper les échelons. Les groupes les plus combatifs seront les plus craints. La force imposera donc le respect et la soumission. Toutefois, il est intéressant de constater que ce ne sont pas les hommes forts physiquement qui sont à la tête des groupes, mais des personnes intelligentes et ayant à la fois des ressources économiques et des contacts. En fait, les «beefs» sont cantonnés dans des «postes» d'homme de main; ils sont employés comme combattants, protecteurs de vendeurs ou tueurs. Bien que, dans le milieu criminel, la force physique semble être valorisée et qu'elle inspire le respect et la crainte, il apparaît que les costauds ne se voient pas confier des tâches de gestion. Ce sont plutôt des hommes ayant un certain sens des affaires, parfois associé à un bagage scolaire, voire universitaire dans le domaine du marketing, du droit, etc., qui sont sollicités. Ces hommes sont d'ailleurs financièrement appuyés par la bande où ils obtiendront plus tard un poste de gestionnaire. Cependant, ils ne peuvent espérer accéder à un poste de dirigeant sans l'appui d'un ou de plusieurs membres importants de la bande.

> *Ceux qui m'ont approché, c'étaient des Asiatiques, des gars des* Black Dragons. *Laval, c'est les Asiatiques. J'ai commencé à faire des deals avec eux et des maisons. Ils voyaient que j'avais pas peur. Je cognais à la porte deux, trois fois puis je cassais la porte. Ils voyaient que j'avais du guts. Ils m'ont alors dit: «On va te donner quelques jeunes, et tu vas faire une autre gang. On va s'affilier et faire des affaires ensemble.» Quand ils m'ont approché, j'avais 13 ans canadiens et 17 ans iraniens. À 14-15 ans, j'ai commencé à faire les conneries et à faire le tough. Je savais que les* Black Dragons *cherchaient des gens tough. Mais moi, je m'en foutais. Je faisais des bagarres, je poignardais du monde devant eux. Ils ont vu tout ça. Et ils m'ont dit: «Fais ta propre gang, et on va te donner des armes, de la drogue… On va te vendre tout ça à des prix pas cher. On va s'affilier ensemble. Quand t'as des problèmes, on vient.»* (Momo, 25 ans)

Qu'il soit dû à la force d'un individu ou à la force des groupes, le règne de la peur contribue à la suprématie des dominants sur les dominés. L'utilisation de la force physique est très souvent jointe à l'utilisation d'armes en tout genre. Or, l'achat et la disponibilité des armes, surtout à feu, dépendent en grande partie des ressources économiques et des contacts, deux éléments qui permettent de se protéger des risques du milieu et des arrestations.

L'apprentissage et les « écoles » de formation

Dans l'ensemble, l'apprentissage des mineurs est assuré par des personnes plus âgées, donc par des individus plus expérimentés, des anciens. Dans le cas des grandes familles, ce sont les membres des bandes mères qui transmettent leurs connaissances à ceux des bandes filles et intermédiaires. De la même manière, les membres des bandes filles s'occupent de l'apprentissage de ceux des bandes bébés. Des « diplômes » sont donc décernés par les groupes « enseignants » aux « étudiants », au fur et à mesure que ces derniers franchissent les étapes du parcours. L'ultime objectif de l'enseignement donné est d'obtenir des membres ayant les qualités requises pour intégrer un jour la bande mère ou encore une organisation criminelle. Les « professeurs » peuvent être aussi bien des adultes que des mineurs ; le choix dépend uniquement de la bande ou du groupe. Les membres de la famille peuvent également être mis à contribution pour la formation des nouveaux, surtout quand la recrue entre dans un groupe composé d'acteurs de la même famille. Par exemple, dans une bande où les affaires seraient une question de famille, l'enseignement pourrait être assuré par un frère, un cousin, etc.

L'apprentissage se fait aussi dans les rapports amicaux, à l'école et dans la vie de tous les jours. Les nouveaux apprennent donc sur le tas, au hasard des rencontres et des nouvelles relations. Les « écoles » du marché illicite sont comparées à des écoles de la vie. Les bandes filles ou bébés sont des sortes « d'écoles » de formation, de la même manière que les « clubs-écoles » des motards. La transmission du savoir se fait essentiellement par oral ; aucun document n'est utilisé pour expliquer, par exemple, comment falsifier une carte d'identité ou faire le trafic de stupéfiants. Nous sommes en présence d'une culture orale, d'une culture excluant tout écrit, ne laissant pas de traces documentaires.

En général, les bandes dominantes investissent dans l'éducation des nouveaux membres, car ceux-ci pourraient un jour leur rapporter gros ou devenir des dirigeants. Elles se constituent donc une espèce de banque de recrues potentielles. La relève est l'essence même de la survie de ces groupes illicites ; sans elle, ces bandes seraient vouées à l'extinction. D'ailleurs, chaque recrue potentielle a un rôle prédéfini selon ses compétences, mais surtout selon ses ressources symboliques et sociales. On ne forme pas les futurs «gestionnaires» de la même manière que les combattants ou les vendeurs. Les «gestionnaires» et les «dirigeants» doivent savoir certaines choses que les hommes de terrain ne sauront jamais. Dans certaines familles, par exemple, les membres du «conseil exécutif» des bandes filles et intermédiaires sont souvent préparés à reprendre la direction de la bande mère. Néanmoins, chacun d'eux perdrait ses chances d'obtenir le poste si une nouvelle personne entrée dans la course à la direction était le fils du dirigeant de la bande mère. Certains éléments peuvent parfois changer la donne, surtout quand ce sont des éléments relatifs à la famille. En effet, le lien familial procure un grand nombre d'avantages; grâce à lui, une bande peut être favorisée au détriment des autres ou un individu, promu à un poste de pouvoir.

Chapitre 3
L'alliance dans le crime

Les bandes de jeunes ne sont pas des organisations vivant en solitaire. Elles entretiennent des relations avec tous les acteurs du marché illicite, que ce soient d'autres bandes, des grossistes indépendants ou des organisations criminelles. Aux États-Unis, il n'est pas rare de voir des bandes de même «descendance» s'affronter (*Crips* contre *Crips*, par exemple) ou des bandes rivales coopérer pour des raisons économiques et de rentabilité du trafic de stupéfiants. Des bandes à visées idéologiques néonazies (*White Gangs*) s'affilieraient même à des bandes noires (*Crips* ou *Bloods*) ou encore hispaniques (*Norte No*) pour des raisons commerciales. Certains auteurs rapportent que plusieurs bandes ont conclu de grandes alliances, et ce, dans différents États. Ces bandes porteraient le même nom ou appartiendraient à la même famille et feraient des affaires partout aux États-Unis. Les auteurs parlent alors de «Supergangs», de «Folks» ou encore de «Nation».

Dans la grande région montréalaise, le même phénomène s'observe. Les bandes majeures entretiennent des relations entre elles et avec d'autres groupes. Elles ont des «succursales» un peu partout au Québec. De ce fait, contrairement à ce qui se passe souvent à Montréal, des bandes de familles rivales peuvent se trouver dans une même région et ne pas se faire la guerre. Par exemple, il y a des *Crips* et des *Bloods* à Québec, mais ils ne sont pas en conflit comme ceux de Montréal. Par ailleurs, les bandes mères mènent leurs affaires en collaboration avec leurs bandes filles, intermédiaires et bébés. Or, toutes ces bandes, quel que soit leur territoire, ont tissé des liens avec des grossistes indépendants, des détaillants indépendants, des petites cliques mafieuses, et cela, dans toute la région montréalaise. Ces jeunes ont même des contacts aux États-Unis et dans leur pays d'origine. En général, les bandes mères cherchent à établir des relations avec d'autres bandes mères ou encore avec des grossistes adultes, des intermédiaires liés au crime organisé. Quant aux plus jeunes, les membres des bandes filles ou bébés, ils tissent des liens avec des bandes dont les membres sont de leur âge ou avec des acteurs de leur âge. Ils peuvent aussi faire des affaires avec des bandes d'adultes qui ne sont pas forcément des bandes mères. Par exemple, du temps où elle existait encore, soit en 2001, la bande des *NP* de Saint-Michel fournissait des armes, obtenues de sa bande mère, les *CDP*, à une bande de Côte-des-Neiges qui en achetait aussi à des bandes filles appartenant à la famille des Russes de Côte-des-Neiges. Ces bandes russes les recevaient indirectement de la mafia russe, par l'intermédiaire de leurs bandes mères.

Au fil du temps, les bandes de jeunes ont donc réussi à tisser des liens avec des acteurs sociaux fort différents. Pour certaines d'entre elles, ces liens sont récents, pour d'autres, ils sont anciens. Quelques-unes de ces bandes ont une histoire, un passé qui explique les relations qu'elles entretiennent actuellement avec certains groupes. On relève, entre autres, des alliances entre des bandes de la même famille mais de diverses origines ethniques, et ce, dans différents territoires. On trouve aussi des bandes de même appartenance ethnique mais de familles différentes qui se livrent une guerre sans merci. Ce qui nous amène à conclure que les alliances ou les antagonismes ne sont pas tributaires de l'origine ethnique, mais plutôt des intérêts économiques et de la conquête du pouvoir. D'ailleurs, les bandes d'une même famille vivent quelquefois des conflits internes, des luttes de pouvoir. Néanmoins, lorsqu'une famille se trouve menacée par une famille adverse, toutes les bandes se liguent pour appuyer la bande mère qui les représente, quitte à se trouver de temps à autre en désaccord avec les politiques internes de cette bande mère.

LES DIFFÉRENTS MODES RELATIONNELS

Les relations de partenariat

Dans le monde des affaires, qu'elles soient licites ou illicites, les partenaires sont fondamentaux pour l'expansion économique. Les bandes ont donc des relations d'affaires ou de partenariat avec un grand nombre d'individus dans différents domaines. Une relation de partenariat est une simple relation d'affaires entre deux parties : les acteurs ou les groupes partagent et échangent des ressources sans aliénation de liberté et sans contrainte idéologique. Les rapports dominant/dominé existent, mais sont davantage liés à la lutte pour le contrôle du marché (les rapports de force) qu'à une soumission idéologique ou ethnique. D'ailleurs, il est fort possible de trouver des relations de partenariat entre deux dominants ou deux dominés.

Dans le cadre d'une relation de partenariat, outre leur rôle dans les échanges commerciaux, les dominés se voient parfois attribuer le rôle de soldats au service de groupes dominants. Il n'en demeure pas moins qu'il est assez rare que ces jeunes soient utilisés comme de futures recrues. En fait, le recrutement s'effectue davantage entre des groupes partageant des relations de paternité (relations que nous définirons dans la section suivante) et des liens tribaux. En outre, les relations de partenariat sont soumises à une règle de distribution des produits : les gros fournisseurs vendent leurs produits aux grossistes, et ces derniers les revendent aux détaillants. Cette règle est strictement respectée, en partie à cause de deux éléments : la confiance et les risques.

Les relations de partenariat s'établissent entre des acteurs de différents niveaux, mais dans le respect de la hiérarchie commerciale. Par exemple, les *Hells Angels* feront des affaires avec les *CDP* ou les *Syndicats*, mais n'auront pas forcément de liens directs avec leurs bandes filles, telles que les *MOB* ou les *NP*. Par conséquent, on constate une tendance à l'hétérogénéité à l'externe ; non seulement les acteurs ou les groupes sont d'origines ethniques différentes, mais ils ne présentent pas les mêmes caractéristiques socioéconomiques et spatiales. En effet, le partenariat met en relation un grand nombre d'acteurs ou de groupes très opposés sur plan de la culture, des valeurs, des attitudes, etc., ce qui n'est pas le cas entre individus entretenant des relations de paternité.

Les relations de paternité

Il est important de ne pas prendre le terme «relation de paternité» en son sens psychanalytique ou psychologique. Ici, nous définirons plutôt la relation de paternité comme un lien fusionnel entre deux parties, l'une des parties dominant l'autre. La particularité de ce genre de relation est que le dominé doit se soumettre au dominant sans aucune possibilité d'émancipation, en échange de bénéfices primaires concernant les ressources, la protection et les possibilités de recrutement dans des groupes plus compétitifs à l'âge adulte. Dans ce contexte, les dominés constituent un bassin de soldats et de recrues potentielles au service des dominants. On observe donc des relations de paternité entre les bandes appartenant à une même famille. Par exemple, les meilleurs éléments de la bande des *Bo-Juniors* peuvent espérer entrer un jour dans la bande des *Bo-Gars*, compte tenu des liens tribaux qui unissent ces deux bandes.

Par ailleurs, les groupes tendant à établir des relations de paternité sont en général de même origine ethnique. Ces bandes sont très souvent composées d'individus ayant des caractéristiques socioéconomiques identiques et appartenant à une même famille ou ayant tissé des liens amicaux dans leur enfance. Elles créent entre elles des ponts solides et établissent très vite une relation fusionnelle. Certaines organisations criminelles (les mafias chinoise et russe, par exemple) entretiennent ce genre de relations avec des bandes de jeunes (les *Black Dragons*, les *Red Bloods*, la bande mère des Russes, etc.) de même origine ethnique qu'elles et les maintiennent ainsi dans une position infantile. Il en est de même pour certaines bandes mères (les *CDP*) envers leurs bandes filles (les *MOB*, les *NP*), intermédiaires (la bande des *CG*) et bébés (les bandes des *NG*). Les bandes filles cultivent aussi des relations de paternité avec leurs bandes bébés.

Faut-il conclure de ces observations que l'origine ethnique est un facteur important dans la création des relations de paternité? La réponse à cette question est beaucoup moins évidente qu'on pourrait le croire de prime abord. D'autant plus qu'un grand nombre de bandes de même origine ethnique n'entretiennent que des relations de partenariat ou d'animosité. Dans Côte-des-Neiges, par exemple, la bande des *Red Bloods* asiatiques et celle des *Crips* asiatiques ont uniquement des relations de partenariat. Par ailleurs, la bande des *PN* de Saint-Michel n'a aucun lien avec les *PN* de Verdun; pourtant ce sont deux bandes similaires quant à leur composition ethnique et socioéconomique.

En réalité, les relations de paternité semblent davantage en rapport avec le statut des acteurs ou des groupes, statut dépendant entre autres de l'âge, et avec la présence de liens familiaux, qui peuvent jouer encore plus lorsqu'ils unissent des personnes ayant un certain leadership. Ces relations ne peuvent donc pas exister entre des acteurs de même statut hiérarchique (entre deux dominants ou deux dominés), puisqu'elles supposent la soumission d'un individu à un autre, l'infantilisation de l'un et le paternalisme de l'autre. D'ailleurs, les bandes de même origine ethnique qui ont un statut socioéconomique identique ne sont pas dans tous les cas sous la coupe d'une bande mère. À preuve les *Ruffriders vs* les *CDP*.

Les relations d'animosité

Dans l'univers des bandes, les relations d'animosité sont tout aussi présentes que les relations de paternité et de partenariat. En effet, les conflits et les guerres sont courants dans ce milieu, comme dans toute société d'ailleurs, et ne reposent que sur un seul principe: le contrôle du marché illicite. Les causes de conflits sont multiples. Mais que les affaires, l'image, la vengeance, l'honneur ou l'autodéfense entrent en jeu, les guerres restent des stratégies pour dominer le marché. Et ce, même si elles ne font pas bon ménage avec le commerce. Car non seulement sont-elles destructrices sur le plan humain (assassinats), mais elles contribuent également à une instabilité du prix des produits, de l'offre et de la demande.

Certains acteurs ou groupes se mettent sous la protection d'un dominant afin de ne pas avoir à s'impliquer dans des relations de haine dévastatrices. La plupart du temps, les dominants doivent assurer la protection des marchandises et de leurs vendeurs. Par conséquent, ils doivent affronter des parties adverses, ce qui les entraîne parfois dans des conflits sans fin. À ce propos, nous tenons à souligner la différence entre les purges internes et les guerres. Les purges internes sont des stratégies de lutte pour une prise du pouvoir ou de contrôle à l'intérieur d'un groupe. Elles peuvent exister aussi bien en temps de paix qu'en temps de guerre et, éventuellement, provoquer des guerres ou apporter des paix. Elles mettent donc en jeu des personnes appartenant aux mêmes bandes ou à la même famille. Ce qui n'est pas le cas des guerres, qui impliquent des individus de groupes ou de familles différentes. Certains groupes ennemis, les bandes des *Bo-Gars* et des *CDP*, par exemple, procèdent parfois à des purges internes en s'octroyant mutuellement des «contrats». En d'autres termes, la bande des *CDP* pourrait demander à celle des *Bo-Gars* d'assassiner certains de ses membres jugés indésirables. Cette tactique permet de maintenir le secret des actions, tout en faisant porter le blâme des purges aux adversaires. Actions machiavéliques? Tactiques de guerre?

Les conflits se présentent quelquefois comme des héritages laissés aux enfants par les adultes, une sorte de haine traditionnelle envers tel ou tel groupe, ou encore importée d'autres pays. Des guerres d'une très grande violence léguées de génération en génération (telles que la guerre entre les *Crips* et les *Bloods*): le règne de la *vendetta*. Les mineurs ne se battent pas pour les mêmes raisons que les adultes. Très souvent, ils entrent en conflit pour des raisons futiles, des histoires d'enfants. Mais leurs conflits sont entretenus par les adultes qui leur fournissent des armes. Le sang versé entraîne alors une escalade de la violence, et les territoires deviennent des zones de guerre. Et comme dans toute guerre, la victoire implique non seulement des conquêtes économiques, mais aussi un renforcement de l'image, du capital symbolique.

Même si un bon nombre de conflits sont associés à des luttes de territoire, nous constatons que le rapport aux zones territoriales n'est pas le même selon l'âge ni l'ancienneté des acteurs ou des groupes dans le marché illicite. Les mineurs ou les nouveaux voient les conflits et les guerres comme nécessaires pour se construire une image de «durs». Dans leur esprit, le territoire est ainsi associé à des valeurs identitaires. Il est le symbole de leur suprématie, de leur appartenance à un ancrage commun. Il est leur royaume. Comme de fait, les mineurs se doivent de bâtir leur image avant de pouvoir récolter les fruits économiques de leur travail. On comprend donc l'obsession de l'image dans ce groupe d'acteurs. De leur côté, les adultes ou les anciens n'ont plus rien à prouver. Ils s'engagent dans des conflits pour des questions d'argent et de contrôle du marché illicite, le territoire étant pour eux une source très importante de revenus.

Quel que soit leur rapport au territoire, les bandes majeures ne visent que la rentabilité économique. Les conflits sont des stratégies de lutte pour le contrôle du marché illicite. Qu'ils aient pour objectif la construction de l'image ou la rentabilité économique, les guerres et les conflits ne sont pas d'ordre ethnique. En général, ce sont des acteurs de même statut qui entrent en guerre. Des bandes de rue s'attaquent rarement à des organisations criminelles. Les organisations criminelles ont su se tailler, au fil des ans, une solide réputation de «durs à cuir» et n'ont plus à faire leurs preuves face aux autres acteurs du marché illicite. Étant maintenant craintes et respectées, elles ne risquent guère d'être défiées par des groupes de moindre envergure.

BANDES DE RUE ET ORGANISATIONS CRIMINELLES : LES ALLIANCES

Les bandes de rue sont des groupes sociaux qui ont appris à tisser des relations non seulement entre elles, mais aussi avec les autres acteurs du marché illicite. Elles ont su créer et entretenir un réseau diversifié où la rentabilité économique demeure encore le seul moteur. Dans les années 80 et 90, les chercheurs et les acteurs œuvrant dans le domaine ne faisaient pas état de relation entre les bandes de rue montréalaises et les organisations criminelles. La possibilité qu'elles puissent exister semblait complètement écartée. À cette période-là, les policiers estimaient du reste que les bandes de rue, alors actives, n'étaient que des regroupements de «petits culs» inoffensifs. Mais ils ont vite déchanté quand ils ont découvert les organisations qu'étaient devenus ces groupes de jeunes inoffensifs. Nous avons d'ailleurs constaté que les alliances actuelles entre certaines bandes de rue et certaines organisations criminelles découlent d'un passé commun.

Il est vrai que le phénomène des bandes de rue a pris, à travers l'histoire, les couleurs de l'immigration, voire de l'ethnicité, de la violence et du manque d'adaptation des jeunes dans le pays d'accueil. Toutefois, dans les années 90, des auteurs prédisaient que certaines bandes actuelles différeraient des bandes antérieures par une organisation interne plus solide, mieux structurée, mais aussi par un objectif autre que la protection ou la «solidarité ethnique». En fait, ces nouvelles bandes sont décrites comme des organisations axées sur le profit économique et fortes de certaines alliances avec des groupes adultes (Chin, 1996; Spergel, 1995; Fagan, 1996). Cependant, au-delà des données structurelles et macrosociales, la question des relations entre les bandes de jeunes et les organisations criminelles n'a jamais été vraiment considérée sous l'angle des dynamiques présentes, voire des rapports de force. De toute façon, peu d'écrits traitent en profondeur de cette question, à l'exception de certaines études menées auprès de bandes asiatiques (Chin, 1990, 1996; Chin et Fagan, 1994).

Les études sur les bandes ne font pas la démonstration de relations entre toutes les bandes de jeunes et toutes les organisations criminelles, même si Corvey, Menard et Franzese (1997) soutiennent que le couple bande/organisation criminelle existerait dans divers pays sous différentes formes. En réalité, l'existence d'alliances ou d'affiliations entre ces deux groupes paraît se borner à certaines bandes, à certaines organisations criminelles, dans certains lieux et ne fait pas l'unanimité chez les chercheurs. De plus, le manque de consensus définitionnel quant aux termes «bande» et «organisation criminelle» laisse dans un certain flou les différences réelles entre ces deux groupes. Toutefois, ceux qui reconnaissent l'existence de liens entre des bandes et des organisations criminelles soulignent trois choses: 1) certaines bandes de jeunes serviraient de foyer de recrutement pour certaines organisations criminelles; 2) les membres de bandes seraient utilisés comme des soldats; 3) certaines bandes de jeunes ressembleraient de plus en plus à des organisations criminelles et entretiendraient des relations d'affaires avec celles-ci. Au tout début de mon exploration des liens et des réseaux des bandes montréalaises, cette trame de fond m'a incitée à persévérer, puisqu'elle confirmait d'une certaine manière qu'il y avait matière à fouiller encore. Encore et beaucoup, car le phénomène des bandes, tout comme celui des organisations adultes, reste extrêmement complexe et difficilement saisissable, du fait qu'on veut en général le garder secret.

LES ALLIANCES MONTRÉALAISES

Les bandes de jeunes montréalaises ne sont pas toutes liées au crime organisé. Il existe même un grand nombre de bandes qui n'ont absolument aucune relation avec les organisations criminelles. Mais le peu de bandes qui en ont dominent le marché illicite en collaboration avec les organisations criminelles. Si le racisme fut l'un des éléments de la genèse des premières bandes montréalaises, l'appât du gain semble avoir remplacé la réaction à l'oppression. Les dirigeants des bandes utilisent des arguments ethniques et racistes pour cacher une criminalité structurée et organisée. En réalité, la violence des jeunes est entretenue par des adultes qui fournissent drogue, armes, argent et logistique à des mineurs.

Avant d'aborder la question des liens et de ce qui les sous-tend, il serait important de comprendre l'enjeu de ces relations. Qu'est-ce qui pousse les bandes à établir des relations avec d'autres organisations criminelles? Quel est l'enjeu qui les motive? Lorsque plusieurs personnes se mettent ensemble pour former un groupe, une organisation, un mouvement ou toute autre formation groupale, elles sont non seulement unies par des intérêts et des valeurs communes, mais aussi par un but commun. Les bandes ne diffèrent guère des autres organisations humaines et partagent les mêmes ambitions que leurs homologues du crime organisé: le contrôle du marché illicite.

Le marché illicite est un espace d'échange où les acteurs vendent et achètent un grand nombre de produits et services prohibés par la société dominante. Les produits commercialisés sont, entre autres, la drogue, les femmes (adultes et mineures), les armes (les bombes, les grenades, les armes à feu, etc.), des produits chimiques, des produits bactériologiques, les cartes d'identité, les passeports, les cartes de crédit, les voitures volées, les objets volés dans des résidences ou des magasins, etc. Les services se rapportent notamment au trafic d'influence dans les milieux politique, judiciaire ou des affaires. Notez que, dans le marché illicite, il existe un marché noir, expression qui se rapporte en ce cas au commerce de produits dans des zones territoriales protégées par d'autres dominants ou encore à la vente de produits illégaux préalablement volés à des personnes elles-mêmes dans l'illégalité.

Le marché illicite est donc vaste et occupé par des acteurs ou des groupes de différents milieux socioéconomiques et d'âge variable (des adultes et des mineurs). Certains y «travaillent» seuls, d'autres en groupe. Cependant, tous n'aspirent pas à contrôler ce marché. En réalité, un grand nombre d'acteurs travaillent sur le marché illicite pour assurer leur subsistance, sans forcément éprouver le désir d'entrer un jour dans la «cour des grands», donc dans la lutte pour le contrôle du marché. D'ailleurs, une bonne partie des individus étiquetés comme délinquants ou criminels font partie de la catégorie des acteurs qui ne désirent pas contrôler le marché illicite; en fait, ce marché est plutôt contrôlé par une poignée d'acteurs dominants qui en établissent les règles: les organisations criminelles. Comme des multinationales, ces organisations détiennent en général le monopole de produits et ont sous leur contrôle (direct ou indirect) un grand nombre de grossistes (des cliques, des bandes de jeunes, des indépendants, etc.) qui veillent à la redistribution des marchandises jusqu'aux clients.

Par conséquent, les bandes de rue sont contraintes de créer des alliances et des partenariats avec les autres groupes afin de prendre une part du marché illicite, d'autant plus que les organisations criminelles règnent en maître sur ce marché depuis des décennies. Les bandes qui entretiennent des relations avec le crime organisé montréalais sont, pour la plupart, des bandes dominantes, telles les familles des Crips et des Bloods ou encore les bandes asiatiques et russes. En fait, les bandes de rue qui dominent dans le marché illicite et qui réussissent à survivre aux arrestations, aux guerres et autres aléas sont celles qui ont su développer des liens avec des organisations criminelles. Par contre, celles qui n'ont aucune relation avec des organisations criminelles ne survivent pas aux aléas de la vie dans les plates-bandes du milieu criminel. Devenir un acteur important dans le monde illicite nécessite des alliances avec les dominants. Si la vingtaine de bandes répertoriées dans la grande région montréalaise sont reconnues dans le milieu criminel, c'est en raison de leurs liens avec des organisations criminelles ou encore avec des bandes ayant ce genre de relations. Il n'est donc pas étonnant que les bandes de jeunes sans lien avec une organisation criminelle aient du mal à être compétitives dans le marché illicite. Au-delà des duos bande/organisation criminelle, les groupes se font et se défont dans un tel tourbillon d'acteurs! C'est pourquoi des membres de bandes décident parfois de monter leurs propres «entreprises», pour devenir des détaillants, des petits grossistes, des indépendants.

Les familles antillaises et les motards : des alliances datant des années 90

Dans la grande région montréalaise, on retrouve deux groupes de motards criminalisés: les *Hells Angels* et les *Bandidos* (autrefois nommés les *Rock Machines*). Ces deux groupes ennemis opèrent dans un grand nombre de territoires par l'entremise de leurs membres qui font office de grossistes et d'intermédiaires, fournissant, entre autres, les bandes de rue, telles que les *CDP*, les *Bad Boys* et les *Bo-Gars,* et des grossistes indépendants. Ces grossistes contrôlent une grosse partie du marché de la drogue par l'implantation d'intermédiaires qui supervisent la vente dans la rue et, bien sûr, ne se connaissent pas. Les motards ont aussi des contacts à l'extérieur du Canada et font du commerce international. Ils œuvrent donc dans l'import-export, mais aussi dans la production de certains produits illicites, tels que les pilules d'extasie et la marijuana (le «Québécois»). Les *Hells Angels* ont des alliés en Europe et aux États-Unis et sont structurés en plusieurs chapitres dans différents pays. Les motards sont les premiers gros fournisseurs de certaines bandes antillaises dominantes. Ils ont même «des clubs affiliés de Noirs» ou «des groupes de Noirs» qui leur servent de berceaux de soldats. D'ailleurs, les motards criminalisés ne traitent pas directement avec des bandes filles, bébés ou intermédiaires. Ils préfèrent faire des affaires avec les jeunes adultes et les adultes des bandes mères, ou encore passer par leurs sous-groupes affiliés.

Durant la guerre de pouvoir qui, dans les années 90, a opposé les *Crips* aux *Bloods*, les *CDP* ont été les premiers à comprendre tous les avantages que pourrait leur procurer une alliance avec les *Rockers*. Les *CDP*, qui n'étaient alors que des adolescents en quête de pouvoir et d'argent, ont foncé tête baissée dans une alliance qui allait leur ouvrir la porte sur la cour des grands et tout un monde de possibilités. À la fin des années 90, dans la foulée d'une alliance entre les *Crips* et les *Hells Angels*, un ancien *Crips*, Gregory Wooley, a donc fondé un véritable pont relationnel avec les *Rockers*: les *Syndicats*. Cette clique composée d'adultes est associée avec les *Rockers* de Mom Boucher. D'ailleurs, selon les témoignages recueillis, Wooley serait un ami personnel de «Mom» Boucher et aurait le statut de «full patch» chez les *Rockers*. Il serait même le seul Noir ayant réussi à avoir tous les galons dans les rangs des *Hells Angels* et il est devenu une véritable légende urbaine pour les jeunes membres de bandes, qui rêvent de devenir aussi forts et aussi importants que Wooley. Le plus grand espoir de Gregory Wooley est de réussir à unir les deux familles antillaises, les *Crips* et les *Bloods*, sous un même parapluie. Le jour où il réalisera ce prodige, Wooley contrôlera une bonne partie du trafic des stupéfiants à Montréal et pourrait même surpasser les *Hells Angels*. Toutefois, nous doutons de la faisabilité de cette union, étant donné que les luttes de pouvoir à l'intérieur des familles contribuent à une division des bandes et que ces luttes sont entretenues selon le principe «diviser pour régner». En somme, le groupe de Wooley s'apparente davantage à un sous-groupe associé aux motards qu'à une bande de rue. Les *Syndicats* ont des relations d'affaires avec les bandes de la famille des *Crips*, dont les *Krazz Brizz* et les *CDP*, qui, eux-mêmes, entretiennent des liens de partenariat avec les *Rockers*.

Certains informateurs soutiennent que le groupe des *Syndicats*, club affilié aux *Hells Angels*, est constitué de membres de toutes les origines, des gens originaires du Moyen-Orient, des Tamouls, des Haïtiens, etc. D'autres, au contraire, rapportent qu'il est composé uniquement de jeunes adultes d'origine antillaise, majoritairement haïtienne, et provenant de bandes de rue de Saint-Michel et de Pie-IX. Toutefois, certains mineurs sont recrutés par les *Syndicats* pour servir de chair à canon ou pour faire le sale boulot. Après tout, un mineur qui commet un meurtre risque de se retrouver dans un centre jeunesse jusqu'à 18 ans, tandis qu'un adulte peut se retrouver avec une condamnation à vie. Les mineurs travaillent donc pour les *Syndicats* moyennant de l'argent ou l'assurance de devenir des membres en règle de ce groupe. Selon nos informateurs, le groupe des *Syndicats* n'aurait pas de bandes de mineurs sous sa direction, à la différence des *CDP*, et aurait été directement créé par des adultes. Il ferait du commerce à l'échelle nationale et internationale.

Les liens unissant les *Crips* et les *Hells Angels* sont plus proches du partenariat que de la relation de paternité, car ces groupes sont constitués de gens différents sur les plans du vécu et de la culture. L'ouverture à la représentativité dans les instances des *Hells Angels* est peu présente, et les membres des bandes affiliées ne peuvent espérer avoir accès à des postes de pouvoir dans cette organisation. Une relation de partenariat de ce genre comporte l'avantage d'obliger les bandes à mettre sur pied leurs propres réseaux et techniques afin de se maintenir sur le marché illicite. Par conséquent, les bandes devront évoluer vers un mode de plus en plus organisé et pourront le faire sans craindre de se faire assimiler par l'organisation criminelle qui les chapeaute. Vu que leurs dirigeants ne pourront jamais accéder à un poste de pouvoir dans ladite organisation criminelle, ils devront plutôt se résigner à faire en sorte que leurs bandes surpassent l'organisation qui les domine et à travailler pour trouver eux-mêmes leurs remplaçants. Ces groupes seront donc des alliés, mais ils ne deviendront jamais une famille.

Pour sa part, la famille des *Bloods* a des relations d'affaires avec les *Bandidos* et le *Clan italien*. Allant des stupéfiants jusqu'aux femmes, les marchandises passent de mains en mains, des motards aux bandes et des bandes aux motards. Ce qui ne veut pas dire que les bandes n'ont pas de liens avec d'autres organisations mafieuses. Rappelons-nous : l'argent n'a pas de couleur ni d'odeur. Ce qui est plutôt intéressant dans le cas des *Bloods*, c'est leur alliance avec le *Clan italien*. Il s'agit là de deux entités très différentes sur le plan de la culture criminelle. Les motards sont encore proches des bandes de rue : leur méthode groupale, leurs activités bruyantes sur le terrain, leur image un peu « rude », l'affichage de leurs couleurs et de leurs signes distinctifs, etc., ne les distinguent pas vraiment d'elles. Alors que le *Clan italien* est plus discret, plus « smoking-cravate », plus propre, moins tapageur. Selon plusieurs de nos informations, la mafia italienne n'aime guère se mêler avec les bandes de rue. Elle préfère laisser la direction et le contrôle de ce genre « d'excités » aux motards. D'où notre questionnement sur la relation *Clan italien/Bloods*. Comment cette alliance a-t-elle pu être réalisée ? Est-ce l'adage « les amis de mes amis sont mes amis » qui a prévalu ? Est-ce donc les *Bandidos* qui ont facilité la création de ce lien ? Les paris sont ouverts, et mes informateurs sont restés muets !

En ce qui concerne le couple *Bandidos/Bloods*, la relation remonte aux années 97-98. Les *Bad Boys* de l'époque, une bande importante de la famille, refusaient ce genre d'alliance qu'ils voyaient comme un moyen de se faire contrôler, chose inacceptable, surtout si le groupe exerçant le contrôle était un groupe de Blancs. Malgré tout, à force de coups d'éclat et d'assassinats, les *Bloods* se sont résignés à s'allier avec les *Bandidos,* au risque de voir les *Crips* les éliminer de la carte du marché illicite. Néanmoins, dans les années 90, les *Rock Machines* (*Bandidos*) entretenaient déjà des relations d'affaires avec une bande multiethnique de Verdun appelée le *West Side*. Cette bande multiethnique, constituée majoritairement de personnes d'origine antillaise, leur aurait servi de bassin de soldats et de foyer de recrutement de jeunes blancs. Les recrues blanches du *West Side* pouvaient donc faire leurs preuves dans la bande, puis entrer dans l'organisation criminelle des *Rock Machines*. Un certain nombre de jeunes blancs ambitieux et compétents auraient commencé leur carrière dans les *Rock Machines* de cette manière. Toutefois, il était aussi courant de voir des jeunes noirs ou latino-américains dans des «clubs» affiliés des *Rock Machines*. Selon certains informateurs, les *Rock Machines,* contrairement aux *Hells Angels,* étaient moins pointilleux sur le recrutement de jeunes de toutes origines; ils mettaient l'accent sur le nombre plutôt que sur la pureté ethnique. Cette ouverture à la diversité et le besoin de renforcer les troupes auraient contribué à la fusion entre les *Bandidos* du Mexique et les *Rock Machines*. Le *West Side* d'aujourd'hui n'aurait plus rien à voir avec la bande d'autrefois, qui aurait été dissoute vers la fin de l'année 1994. Par la suite, les membres de cette bande se seraient engagés dans les bandes des *CDP* et des *Bo-Gars*, et certains auraient monté leurs propres affaires. De nos jours, les *Bandidos* recrutent encore certains de leurs membres dans des bandes alliées. Mais il n'en demeure pas moins que les postes de pouvoir sont distribués selon la logique de la succession tribale, que l'on retrouve aussi chez les *Hells Angels*. La famille et les amis intimes prennent toujours le relais dans ce type d'organisations. En outre, depuis l'assassinat de plusieurs membres des *Bandidos* du Québec, il serait intéressant d'évaluer l'impact actuel de ce genre de groupe dans le marché illicite montréalais.

Certains informateurs mentionnent que les alliances *Crips/Hells Angels* et *Bloods/Bandidos* se seraient faites par le jeu du hasard territorial. Autrement dit, dans les années 90, des *Hells Angels* habitaient dans le quartier Saint-Michel, et dans Montréal-Nord/Rivière-des-Prairies, il y avait des *Rock Machines* (*Bandidos*); par conséquent, la proximité de ces deux quartiers et les rencontres de membres des quatre groupes lors de séjours en prison auraient favorisé la conclusion de ces alliances. Après tout, c'est parfois dans l'adversité qu'on noue des relations «fraternelles». Selon d'autres informateurs, les alliances *Crips/Hells Angels* et *Bloods/Bandidos* résulteraient plutôt de la guerre des années 90, qui avait décimé les *Crips* et les *Bloods*. Très vite, ces deux familles avaient compris que, pour gagner la guerre, il fallait des armes à feu, donc beaucoup d'argent. Or pour une bande, l'argent provient inévitablement d'activités illicites, et notamment du trafic de drogue. Les *Crips* furent les premiers à entrevoir tous les avantages reliés à la vente de drogues dures et à comprendre que celle-ci nécessitait une alliance avec les motards. Il se peut fort bien qu'à ce moment-là, la proximité territoriale ait facilité cette alliance. Rappelons qu'à cette époque, le commerce des armes à feu était entre les mains du crime organisé, en l'occurrence les motards. Les *Crips* avaient donc tout intérêt à conclure une alliance avec un partenaire de choix: les *Hells Angels*.

À présent, une autre question se pose: compte tenu de leurs alliances avec les motards, les *Crips* et les *Bloods* ont-ils participé de près ou de loin à la guerre des motards? Selon nos informateurs, la guerre et les affaires sont deux choses bien distinctes. Des groupes fort différents peuvent s'unir pour faire des affaires, mais cela ne veut pas dire qu'ils en feront autant lors de guerres entre bandes ou entre motards. Bref, les *Crips* et les *Bloods* ne se seraient pas mêlés de la guerre entre motards et vice versa. Il est vrai que les motards fournissaient des armes à feu et de la cocaïne à ces bandes, mais ils n'étaient pas prêts à se faire tuer pour une bande de jeunes noirs, même si elle était leur alliée commerciale. Chacun doit faire lui-même son ménage.

Que dire des autres bandes dominantes ?

Hormis le *Clan italien*, les organisations mafieuses installées à Montréal n'auraient pas de relations très développées avec les deux familles antillaises de Montréal, qui seraient plutôt en lien avec les motards et des groupes mafieux de leurs pays d'origine, comme la Jamaïque, Haïti et la République Dominicaine. Dans la plupart des cas, on constate que les bandes mères tendent à s'affilier avec des organisations criminelles de même origine ethnique qu'elles. En ce cas, elles établissent des contacts avec des organisations criminelles de la même origine ethnique qu'elles, mais résidant à l'étranger. Ce qui ne veut pas dire qu'elles n'établissent pas aussi des relations d'affaires avec des organisations criminelles d'origines autres.

Les bandes mères qui n'ont pas la possibilité de bénéficier, à Montréal, du soutien d'organisations criminelles de la même origine ethnique qu'elles, comme certaines bandes noires, forgent des alliances avec des organisations criminelles intégrées dans leurs territoires et avec des acteurs ou des groupes déjà affiliés à des organisations criminelles. Car il est beaucoup plus facile et plus rentable de faire des affaires avec les organisations criminelles montréalaises qu'avec des organisations criminelles étrangères. Selon nos informateurs, la bande des *CDP* entretiendrait des relations d'affaires, entre autres, avec les *Hells Angels*, mais aussi avec une clique mafieuse de Jamaïcains de Côte-des-Neiges. Cette clique jamaïcaine fournirait une bonne partie des détaillants de Côte-des-Neiges impliqués dans le trafic de drogue et achèterait ses marchandises à des motards ainsi qu'à des fournisseurs d'origine jamaïcaine résidant aux États-Unis et en Jamaïque. Cette clique serait donc alliée avec les *Posses* des États-Unis et avec une mafia jamaïcaine de Jamaïque.

Certaines organisations criminelles montréalaises, en l'occurrence les mafias chinoise, russe, vietnamienne et cambodgienne, ont des bandes de jeunes qui travaillent pour elles. Ces mafias protègent et fournissent (drogue, armes, etc.) directement leurs bandes de jeunes – qui viennent s'ajouter à leurs grossistes. Ce qui n'empêche pas ces bandes d'avoir des fournisseurs secondaires. Plusieurs intermédiaires, parfois des ex-membres de bandes, constituent les liens entre ces bandes et l'organisation criminelle mère. Par exemple, certains de nos informateurs rapportent que la bande des *Red Blood* de Côte-Vertu (une bande constituée de jeunes d'origine cambodgienne) se procurerait de la drogue auprès de deux fournisseurs: un grossiste de la mafia cambodgienne de Montréal et un intermédiaire des *Hells Angels*. On comprend donc que de nombreuses bandes montréalaises aient plusieurs fournisseurs, bien qu'elles soient parfois chapeautées par une organisation criminelle de même appartenance ethnique qu'elles. Les activités et les partenaires commerciaux peuvent varier en fonction du prix, de la qualité et de la disponibilité des marchandises.

Il est à noter que chez certains groupes ethniques, le concept de bande ne fait pas partie des schèmes symbolique et culturel. En fait, les jeunes appartenant à ces groupes ethniques et impliqués dans le marché illicite préfèrent travailler en solitaire ou encore en petites cliques d'amis intimes ou composées de membres de la famille. Il n'y a donc pas de bandes de jeunes d'origine libanaise ou italienne comme on peut en trouver chez les jeunes d'origine haïtienne ou latino-américaine. Les activités ludiques ou les règlements de compte se font peut-être en groupe, mais le «travail» est réservé à des cliques ayant établi un consensus professionnel. En outre, les jeunes de ces groupes ethniques préfèrent généralement s'impliquer directement dans leur mafia à l'âge adulte ou devenir des indépendants que de former des bandes. Dans la rue, ces jeunes sont surnommés les «lebs», un abrégé de «Lebnéni», qui veut dire «Libanais» en arabe. Rares sont les mineurs dans les structures de ces organisations criminelles, car l'intégration dans ces structures, à peu près vers l'âge de 18-19 ans, nécessite que les recrues fassent d'abord leurs preuves dans des cliques, avec les «grands frères». Cette intégration progressive est d'autant plus justifiée que certains jeunes adultes peuvent aussi bien décider d'ouvrir leurs propres petites «compagnies» et de s'affilier avec des personnes œuvrant dans la même branche qu'eux. Les jeunes d'origine libanaise impliqués dans le marché illicite, par exemple, ont tendance à se regrouper à l'adolescence et à prendre différentes voies à l'âge adulte. En outre, chaque membre d'un groupe d'amis peut très bien entreprendre à l'adolescence une commercialisation à petite échelle d'un produit illicite et se retrouver à l'âge adulte intégré dans une organisation criminelle ou dans une clique mafieuse, la plupart du temps de même ethnie que lui, ou encore dans un réseau de plusieurs grossistes indépendants. D'autres peuvent tout simplement entrer sur le marché du travail légal.

Les organisations criminelles recrutent-elles dans certaines bandes de rue ?

En règle générale, les organisations criminelles recrutent leurs membres dans leur environnement immédiat. Les critères établis sont le mérite et les compétences, mais il reste que les liens familiaux et fraternels peuvent être des facteurs déterminants dans le choix des candidats. Toutefois, pour certains postes, ces liens comptent peu ou ne comptent pas du tout. En effet, quelques organisations criminelles recrutent plutôt leurs futurs «employés» et leurs soldats dans des bandes de même composition ethnique qu'elles (la mafia chinoise dans les *Black Dragons* et la mafia russe dans des bandes russes, par exemple). Tandis que d'autres préfèrent sélectionner leurs recrues dans leur entourage immédiat et utilisent les membres de bandes alliées uniquement comme soldats (les *Hells Angels* utilisent ainsi les *Crack Down Posses*).

On constate que si les *Hells Angels* privilégient le recrutement en fonction de critères raciaux et familiaux, les *Bandidos* misent plutôt sur le nombre et la multiethnicité. Les *Hells Angels* recrutent dans leur entourage immédiat en tenant compte des liens du sang ou de ceux de l'amitié, à l'instar d'autres organisations criminelles, comme les mafias italienne, russe, asiatique et libanaise. Hormis Gregory Wooley, les *Rockers* n'ont jamais recruté des Antillais pour entrer dans leurs structures. Ils favorisent plutôt la formation de sous-groupes gravitant autour de leur organisation. Si Gregory Wooley a réussi à gagner plusieurs galons des *Rockers*, les autres membres des *Syndicats* ne sont pas reconnus comme des *Rockers*. Paradoxalement, les *Bandidos,* eux, ne se gêneraient pas pour recruter leurs membres parmi les meilleurs éléments des bandes. Ils se servent aussi de certaines bandes multiethniques comme de foyers de recrutement. Antérieurement, les *Rock Machines* privilégiaient la pureté raciale, mais depuis leur alliance avec les *Bandidos* du Mexique, la multiethnicité n'est plus exclue.

En tout cas, les motards utilisent certaines bandes de jeunes comme soldats, détaillants, recruteurs de filles, etc.: le sang versé n'a pas de couleur. Toutefois, certains contrats d'assassinat plus délicats, comme ceux des gardiens de prison et des dirigeants de groupes adverses, sont plutôt donnés à l'interne. Des informateurs rapportent que la clique des *Syndicats* serait non seulement des trafiquants à la solde des *Rockers*, mais aussi des exécutants de contrats d'assassinat. Ces informateurs soutiennent que si Wooley est proche de Mom Boucher, c'est parce qu'il a exécuté des contrats pour ce dernier. D'ailleurs, Gregory Wooley est vu comme un intermédiaire auprès des bandes noires. Selon plusieurs informateurs, Wooley ne serait qu'un pion de plus sur l'échiquier et ne pourrait pas espérer monter plus haut dans l'organisation des *Rockers*, à cause de la couleur de sa peau. Il serait «un bon pion qui ouvre la porte des Blacks». Étant donné que le racisme systémique semble prévaloir dans l'organisation générale des *Hells Angels*, la réussite de cet intermédiaire serait atypique, et nous doutons fort que des réussites comme celle-là deviennent un jour fréquentes dans cette organisation, à moins d'un changement de culture.

Le mode d'utilisation de certaines bandes par les organisations criminelles tel que décrit précédemment est de plus en plus courant dans le marché illicite et ne semble plus être une caractéristique de certaines mafias asiatiques. Nous estimons que cette dynamique a contribué au renforcement de certaines bandes et à l'évolution d'autres bandes vers un mode plus organisé. En voyant comment agissent les organisations criminelles qui les parrainent, les bandes dominantes tirent des leçons. Elles en arrivent ainsi à mettre au point des méthodes de survie qui leur permettent de devenir de plus en plus compétitives. Si certaines bandes sont nées du besoin d'appartenance ou de protection, voire du besoin de briller, elles ont mûri, et leurs visées sont devenues beaucoup plus terre à terre et pécuniaires.

Vers une maturation de certaines bandes de rue?

Par «processus de maturation», nous entendons la transformation d'une bande en un groupe de plus en plus organisé et tendant à ressembler à une organisation criminelle. Nous croyons qu'une fois arrivée à maturité, une bande ne devrait plus être considérée comme une bande de rue, mais plutôt comme une organisation criminelle. L'histoire révèle d'ailleurs que plusieurs organisations criminelles ont commencé leur carrière en tant que bandes de rue.

Les bandes de rue montréalaises chapeautées par des organisations criminelles de la même origine ethnique qu'elles évoluent de telle sorte que leurs meilleurs éléments sont directement intégrés dans l'organisation mafieuse mère. De leur côté, certaines bandes de rue ayant forgé des alliances avec des organisations criminelles d'origines ethniques différentes entrent plus facilement dans un processus de maturation, puisqu'elles doivent apprendre à se débrouiller par elles-mêmes afin de survivre dans le marché illicite, et conservent leurs meilleurs membres. Par exemple, dans la famille des *Crips*, la bande mère des *CDP*, compte tenu, entre autres, des critères de recrutement des *Hells Angels* axés sur la pureté raciale, est entrée, depuis les années 90, dans un processus de maturation, enclenché d'ailleurs depuis son partenariat avec les *Hells Angels*. Cette bande est de plus en plus structurée et possède un bon réseau d'affaires, où elle peut acheter et vendre ses produits de façon autonome.

Les deux grandes familles antillaises, soit les *Crips* et les *Bloods*, sont, depuis les années 90, dans un processus de maturation, fortes de l'expérience qu'elles ont acquise et du réseau qu'elles ont bâti. Au fil des ans, elles ont réussi à établir des relations non seulement avec des groupes influents du milieu criminel, mais aussi avec des individus importants dans la société générale, en l'occurrence dans le milieu policier, dans le monde des affaires, dans les clubs et les bars, dans certaines banques, dans diverses entreprises, etc. Nous croyons que si ces familles continuent à progresser comme elles le font actuellement, elles parviendront à faire émerger une mafia antillaise à Montréal, en collaboration avec ces «hommes d'affaires» qui sont déjà sur la bonne voie.

Chapitre 4
Le commerce illicite

LE TRAFIC DES STUPÉFIANTS

Le trafic des stupéfiants est l'une des activités les plus lucratives des bandes de rue. Il demeure le plus prisé, compte tenu de la facilité de vente, de la demande toujours aussi forte et de l'accessibilité des produits. Il semble exister, dans le marché illicite, deux catégories d'acteurs: ceux qui font des millions et des milliards de dollars (les dominants) et ceux qui font des centaines ou des milliers de dollars (les dominés). Généralement, les dominants mettent tout en œuvre pour garder le monopole des produits et de la vente, que ce soit directement ou par l'entremise d'intermédiaires.

À l'apparition des bandes de rue à Montréal dans les années 80, les organisations criminelles étaient les acteurs dominants sur le marché illicite. Ils brassaient des milliards de dollars et contrôlaient la disponibilité, la production, l'importation et l'exportation des stupéfiants, leur qualité, leur prix, etc. Les bandes de jeunes, elles, semblaient plutôt être des joueurs de deuxième ordre, des détaillants ou des grossistes. Toutefois, dans les 10 dernières années, certaines grandes familles de bandes de rue ont connu une maturation rapide sur les plans organisationnel et fonctionnel. Les *Crips* et les *Bloods*, par exemple, sont de ces familles qui, ne pouvant s'inscrire dans les structures d'organisations criminelles, se sont adaptées aux aléas du marché, en progressant vers une certaine maturité afin de ne pas disparaître de l'échiquier. De telles familles ont aujourd'hui des chiffres d'affaires annuels s'élevant à des millions de dollars. Certaines fabriquent différents produits, comme le crack, tandis que d'autres importent la marchandise. Ces familles peuvent actuellement être classées dans la catégorie des acteurs dominants. Certaines fournissent même des organisations criminelles. On sait que les *Bo-Gars* et les *CDP* ont des contacts en Haïti pour l'importation de cocaïne.

Les bandes majeures ou les organisations criminelles ne perdent pas leur temps dans la vente au détail ou encore dans la petite vente en gros. Ils délèguent ce genre d'activités aux dominés (les bandes filles, les bandes bébés, les petits grossistes, etc.) et se consacrent exclusivement à la vente de grosses quantités de stupéfiants. Par ailleurs, ces groupes ont accès à toutes sortes de drogues, dures comme douces. Dans les années 80-90, pour avoir de la cocaïne, les bandes de rue devaient obligatoirement traiter avec une organisation criminelle; maintenant, les bandes majeures sont plutôt autonomes. Quant aux drogues douces, elles en produisaient déjà ou les faisaient venir, entre autres, de Jamaïque. Toutefois, depuis l'avènement du crack, produit de très mauvaise qualité, et la multiplication des possibilités commerciales, certaines bandes de rue importent des stupéfiants, notamment la cocaïne, de leurs pays d'origine (Haïti, République Dominicaine, Colombie, etc.). D'ailleurs, le projet Safari du Service d'enquêtes fédéral aéroportuaire a mis à jour une grande importation de stupéfiants d'Haïti. Depuis 2000, il a été saisi plus de 1000 kg de cocaïne et de crack, dont 700 provenaient d'Haïti. Grâce à ce commerce entre Haïti et Montréal, les *Crips* et les *Bloods* fournissent même certaines organisations criminelles. Comme quoi les élèves en viennent à dépasser les maîtres… On assiste donc à une mondialisation du commerce de la drogue et à une ouverture des marchés qui permettent à certaines bandes de ne plus dépendre des organisations criminelles.

Les grossistes, et indirectement les détaillants, sont obligés de traiter avec les dominants s'ils veulent offrir des produits variés à leur clientèle et, surtout, rester dans le jeu. Les personnes qui refusent de suivre cette règle risquent fort de se retrouver ruinées ou d'être tuées, d'autant plus que, dans le milieu, il n'existe aucune instance s'occupant de la concurrence déloyale. Les règles sont donc établies par les plus puissants sur le plan économique, mais aussi sur les plans physique et social (contacts influents). Encore une fois, cela ne diffère guère de ce qui se passe actuellement dans de nombreuses sociétés ou dans des États.

Certaines personnes ou bandes qui n'ont pas assez d'argent pour acheter la marchandise en gros la prendraient en consigne. En d'autres termes, celles-ci payent les fournisseurs une fois la marchandise vendue, et non pas à la livraison. Dans ce cas de figure, les acheteurs travaillent pour les grossistes, ce qui les maintient dans une position de grande dépendance. C'est dans cette situation que se trouvent, entre autres, les bandes filles, intermédiaires et bébés par rapport aux bandes mères. On constate que les acteurs qui acceptent de donner des produits en consigne sont, pour la plupart, des dominants qui peuvent se le permettre financièrement et qui, forts de leur réputation, n'ont pas peur de se faire voler. Certes, ils prennent des risques financiers, mais ils grossissent ainsi le nombre de détaillants travaillant pour eux. Dans ce commerce, très peu de détaillants roulent sur l'or, puisque, souvent, ils accumulent les dettes envers leurs fournisseurs. Parfois, certaines bandes mères offrent gratuitement des drogues à leurs bandes filles en échange de certains services (exécution de contrats d'assassinat, recrutement de jeunes filles pour la prostitution juvénile, vol de voitures, etc.), mais tout geste de « générosité » de leur part n'est qu'un pas de plus pour assurer la dépendance des bandes dominées envers elles. Comme dans toute société capitaliste, les dominants tirent leur richesse du labeur des dominés. S'ils veulent continuer à contrôler le marché illicite, les dominants (majoritairement des adultes) ont intérêt à entretenir une espèce de « disponibilité » des dominés (majoritairement des mineurs). En permettant aux dominés d'avoir un minimum de ressources économiques, toujours dans une optique de dépendance envers eux, les dominants maintiennent un équilibre qui contribue à la perpétuation de leur suprématie et à l'absence de révolte, sous la dictature de la terreur.

Si tu veux faire affaire avec les motards… tu vas au Squatch de Laval. Tu demandes à parler avec K. En fait, notre contact avec les motards, c'était X, et lui, il savait que K travaillait pour les motards et possédait le S. Il est entré en contact avec K et lui a parlé pour avoir le stock. Et comme le père de X a un Harvey's et vient d'une famille riche, K, il savait que X allait pas fucker l'affaire comme un petit pauvre qui va juste prendre le stock et s'enfuir. Il l'a donc présenté à du monde et lui a donné des petits contrats. K, c'est un Arabe. Il n'est pas dans les Hells. C'est un genre de petite mafia. Le S lui appartient, et il travaille avec les Hells. Il vend des grosses quantités de coke et de crack. C'est un fournisseur. Il ne vend pas dans la rue. Il est haut placé. Il contrôle encore Laval. Quand les gens ont des problèmes, ils vont le voir pour régler ça. Par exemple, tu vas le voir parce que ton fils s'est fait battre… il va régler ça pour toi. C'est un Algérien. Il a aussi un télémarketing. Je crois qu'il blanchit de l'argent là-bas et fait de la fraude. C'est un généreux, lui. Il est prêt à aider les Arabes à démarrer leur business. Donc, X lui a dit qu'il voulait partir une affaire, un club. Et il lui a dit : « Je te donne de la drogue, de la coke et 2-3 clients, et tu travailles ensuite pour en avoir plus. Et si tu fais bien rouler ta business, je te donnerai d'autres affaires. »

C'est comme cela qu'on part une business. Le fournisseur te donne 2-3 clients, et cela te rapporte d'autres clients, et comme ça tout le monde est content. De toute façon, lui, il en a plein des clients… Il est bien content que tu t'occupes d'une partie de sa clientèle et que tu agrandisses ta clientèle, car c'est de l'argent qui va rentrer pour lui après. L'argent passe d'une main à l'autre, d'une place à une autre et ça finit aux Hells. Car c'est eux autres qui font les plus grosses quantités et donnent à des petits qui donnent à des plus petits qu'eux. (Jonny, 16 ans)

En somme, la grosse partie des ressources économiques se trouve dans les mains d'une poignée de grossistes et de gros fournisseurs, majoritairement des adultes. Ces grossistes misent donc sur des détaillants et des petits grossistes qui, d'une part, sont de bons vendeurs, des personnes fiables, efficaces et ayant le sens des affaires et, d'autre part, ne sont pas des consommateurs de drogue. Car la consommation de stupéfiants et les affaires ne font généralement pas bon ménage. Celui qui vend de la drogue et en consomme risque de se retrouver rapidement en faillite, pour ne pas dire mort dans un fossé, faute d'avoir pu rembourser son fournisseur.

Le prix sur le marché

Le prix des stupéfiants est établi, comme dans tout marché, en fonction de l'offre et de la demande. Ce sont les dominants qui bénéficient de l'avantage d'établir le prix des produits, grâce au monopole qu'ils exercent sur la production, l'importation et l'exportation. Par ailleurs, les arrestations, les saisies policières et les guerres entre bandes ou autres groupes ont aussi une influence sur les prix, tout comme des guerres ou des conflits dans le monde peuvent avoir une influence sur le prix du pétrole. Prenons pour exemple l'opération policière Printemps 2001, qui visait à affaiblir, voire à éliminer, les motards et à enrayer une partie du commerce de la drogue. Selon nos informateurs, le résultat obtenu ne fut pas à la hauteur des attentes, puisque le commerce de la drogue à Montréal aurait seulement été paralysé durant deux semaines avant de repartir de plus belle. Malgré leur nécessité, les arrestations policières ne contribuent pas forcément à l'effondrement total des groupes criminels. Car, bien souvent, ces organisations préparent la relève afin de remédier à ce genre de situation, ou encore aux décès, et continuent de se livrer à leurs activités une fois certains acteurs incarcérés. En fait, les arrestations permettent à des groupes concurrents de profiter du répit qu'elles impliquent pour prendre une place laissée vacante dans le marché ou encore pour reprendre une place naguère perdue. D'ailleurs, il se peut fort bien que l'opération Printemps 2001 n'ait été qu'une stratégie de lutte contre la concurrence des motards. Dans le milieu criminel, la rumeur a couru que le *Clan italien* avait donné des informations à la police afin d'éliminer les *Hells Angels,* qui devenaient trop gourmands et beaucoup trop dominants dans le marché illicite. Souvenons-nous de la guerre des motards entre les *Hells Angels* et les *Rock Machines (Bandidos).* Cette guerre a contribué à un affaiblissement des *Rock Machines* et à la domination des *Hells Angels* sur le commerce de la drogue. En somme, chaque place laissée vacante est tout de suite prise par le groupe dominant du moment.

Les prix varient aussi en fonction de la qualité du produit et du nombre d'intermédiaires. Les drogues dures coûtent, bien évidemment, plus cher que les drogues douces, en raison de la complexité de leur fabrication. De plus, un fournisseur ou un important grossiste offrent des prix beaucoup plus compétitifs qu'un petit grossiste ou un détaillant. Moins il y a d'intermédiaires, plus grandes sont les chances d'avoir des prix compétitifs et des produits d'une meilleure qualité, d'une plus grande pureté, puisque, pour en avoir de plus grandes quantités, les détaillants ont tendance à mélanger («couper») les drogues avec toutes sortes d'autres substances (bicarbonate de sodium, poudre de verre, acétaminophène, farine, charbon, etc.). Plus le prix d'un produit et sa qualité sont bons, plus le vendeur est proche du sommet de la pyramide de l'organisation. À moins que le produit n'ait été volé!

L'exclusivité d'un produit ou d'un territoire permet à celui qui en bénéficie de gagner beaucoup d'argent. Pareille exclusivité implique d'exploiter rapidement le filon avant que la concurrence ne découvre le «territoire vierge» ou le nouveau produit en question. Par ailleurs, les acteurs qui réussissent à conserver le monopole obtiennent une primauté sur le produit ou le territoire et gardent un certain prestige. Par exemple, si une organisation criminelle est reconnue comme étant la première à avoir fabriqué des pilules d'extasie d'une grande qualité et qu'une autre organisation sort une nouvelle pilule d'extasie, la première organisation gardera le monopole de ce produit. Un peu comme une robe Chanel et une imitation de Chanel. Prenons un autre exemple. Les Jamaïcains sont réputés vendre une marijuana de grande qualité. Les connaisseurs préfèrent donc s'adresser à eux, payer le prix fort et obtenir une marijuana de qualité plutôt que passer par les intermédiaires des motards, acheter à bas prix et obtenir une marijuana de mauvaise qualité. Cependant, depuis quelques années, le Gold québécois (marijuana du Québec) est reconnu comme étant de très bonne qualité.

Les techniques de vente et le contrôle des produits

Dans le marché de la drogue, la compétition est féroce et le clientélisme reste la technique privilégiée pour contrer la concurrence. Les vendeurs tentent par tous les moyens imaginables d'attirer et de conserver la clientèle, de la fidéliser. Pour ce faire, ils offrent aux consommateurs le plus d'options possible et la plus grande flexibilité possible quant aux modes de paiements. Ils ont recours au «téléphone arabe» pour faire la promotion de leurs produits, en mettant l'accent sur la qualité, les prix imbattables et la possibilité d'obtenir des prêts (dans leur jargon, «fronter» signifie emprunter et «donner sur le bras», prêter) sans risquer de se faire brutaliser en cas de retard de paiement.

Pour réussir dans ce milieu, il est primordial de bien organiser le travail, à l'aide d'emplois du temps, d'une définition précise des tâches et d'échéanciers. Il est vrai que cette pratique organisationnelle ne se retrouve pas chez tous les acteurs du marché illicite et semble davantage prisée par certains groupes (les organisations criminelles, les bandes de rue appartenant à de grandes familles, les cliques mafieuses, etc.). Les personnes ambitieuses, bien organisées ou ayant des supérieurs adoptent le plus souvent un mode de travail méthodique, et les groupes souhaitant prendre une grosse part du marché illicite établissent généralement une discipline de travail pour tous leurs employés.

Outre le clientélisme, il existe une tactique radicale d'élimination de la concurrence: le vol. La grande peur des vendeurs est de se faire voler leurs produits et de se retrouver non seulement en faillite, mais aussi devant les menaces d'un fournisseur très mécontent. Toutefois, les grossistes et les gros fournisseurs risquent moins de se faire voler que les détaillants, car il est beaucoup plus dangereux et bien moins facile de voler les premiers que les seconds. De surcroît, il semblerait que certains créanciers soient plus coulants que d'autres en ce qui concerne le remboursement des dettes; tout dépendrait de la relation qu'ils entretiennent avec l'emprunteur. Par exemple, en cas de vol ou de perte de marchandises, les bandes mères sont plus tolérantes envers leurs bandes filles que les organisations criminelles envers les bandes de rue avec lesquelles elles entretiennent des relations commerciales. Bref, de la nature des liens qui unissent les acteurs peut déprendre les conditions de remboursement d'une dette ou l'octroi d'un prêt.

Les producteurs ont une technique pour éviter le vol et contrôler la distribution des marchandises: ils estampillent leurs produits, comme les producteurs gravent des numéros de série sur les objets qu'ils fabriquent. Prenons l'exemple des pilules d'extasie. Certaines proviennent d'Europe et d'autres sont fabriquées au Canada par les organisations criminelles. Ces pilules européennes et canadiennes portent très souvent la marque du producteur. Les estampilles peuvent être des dessins (papillon, *happy face*, etc.), des lettres de l'alphabet ou tout autre signe et diffèrent en fonction des saisons ou des lots de production. Elles permettent de contrôler la vente et la distribution des pilules, et ce, jusque sur le «marché noir» du marché illicite – par «marché noir», nous entendons un marché où les produits sont revendus à des prix très compétitifs, car ils ont été volés au producteur ou au gros fournisseur. Grâce à ces signatures, les producteurs peuvent donc vérifier la fiabilité de leurs employés et retrouver d'éventuels voleurs. Selon le prix d'achat, il est possible de connaître le nombre d'intermédiaires par lequel est passé le vendeur. En général, une pilule d'extasie coûterait approximativement entre 30 $ et 40 $ dans les raves. Par conséquent, la vente à 9 $ d'une pilule estampillée signifie soit que cette pilule provient d'un vol de marchandise, soit que le vendeur est très proche du grossiste, voire du gros fournisseur. En cas de suspicion de vol, l'estampille devient alors un moyen de retrouver les voleurs. Supposons que les pilules produites durant l'hiver 2002 soient estampillées d'un papillon et que durant l'été 2003, l'estampille choisie pour la nouvelle production soit une souris. Si des vendeurs refilent des pilules avec des papillons au cours de l'été 2003 et s'il y a eu un vol de pilules au cours de l'hiver 2002… il est fort probable que l'organisation concernée par ce vol sera très impatiente de discuter avec ces vendeurs d'extasie.

En outre, chaque organisation criminelle et chaque bande majeure est spécialisée dans un domaine d'activités illicites. Chacun profite donc de l'expérience et de l'expertise des autres. La mafia chinoise, par exemple, est spécialisée dans l'importation et l'exportation de l'héroïne, voire du Gold québécois (marijuana) enrichi au THC. Le *Clan italien* est doué pour la transformation des produits et le blanchiment de l'argent. Les Antillais sont devenus des experts dans la distribution de la drogue, surtout le crack, et ont pris pas mal d'avance côté fraude et côté prostitution. Les motards contrôlent la plantation de cannabis et la vente des armes à feu. De surcroît, ils ont un grand nombre de relations influentes dans la police et d'autres organisations légales, comme toute bonne organisation criminelle et de la même manière que les mafias. Cependant, ils ne sont plus les seuls à avoir ce genre de relations, puisque les bandes majeures ont commencé à établir des réseaux importants un peu partout.

Actuellement, les *Crips* continuent à acheter des stupéfiants aux *Hells Angels*, mais ils en importent aussi des Antilles, de l'Angleterre et des États-Unis. Ils ont souvent recours à des femmes pour passer de grosses quantités de drogue d'un pays à l'autre, car les douaniers sont plus suspicieux à l'égard des hommes. La cocaïne et les autres drogues dures, comme l'extasie, proviennent des États-Unis et de l'Europe, ainsi que du Canada, où les motards emploient des chimistes et ont leurs propres laboratoires. Pour ce qui est de la marijuana, elle est importée de plusieurs pays, mais il n'en demeure pas moins que c'est au Québec qu'on trouve le meilleur chanvre. À Montréal, beaucoup de personnes cultivent le chanvre en petite quantité, que ce soit dans un sous-sol, une pièce ou une garde-robe. Cependant, les grosses plantations de chanvre des régions des Laurentides et de Lanaudière sont sous le contrôle des motards. La marijuana du Québec, nommée le *Québécois*, a la réputation d'être la meilleure du monde et est de surcroît beaucoup moins chère que celle produite aux États-Unis. En effet, la marijuana étasunienne coûterait 3000 $ américains la livre, alors que le Québécois vaudrait 1500 $ américains la livre. Les groupes illicites montréalais exportent donc allègrement ce produit de qualité dans le monde entier, notamment aux États-Unis et en Europe, concurrençant même les vendeurs de marijuana de la Jamaïque, le *ganja*, un produit auparavant imbattable.

Les lieux de distribution

Les lieux de distribution des marchandises sont extrêmement nombreux et ne peuvent être comptabilisés, d'autant plus que les distributeurs sont partout et dans tous les milieux : dans les fêtes, les Carifêtes, les «party VIP», les clubs, les bars, les restaurants, la rue, les clubs privés, les centres sportifs, les raves, les parcs, les stations de métro et les écoles. Les stupéfiants sont vendus aussi bien chez les riches que chez les pauvres, dans les quartiers huppés que dans les quartiers défavorisés. Toutefois, malgré la multitude des lieux de distribution, nul ne peut vendre sans l'autorisation des dominants.

Le territoire est un élément important dans la vie quotidienne des bandes de rue. Que ce soit pour des raisons économiques ou symboliques, le respect du territoire est une règle informelle à ne pas enfreindre, au risque d'être durement sanctionné. Tout lieu peut devenir un territoire : un quartier, une rue, un parc, un bar, un endroit où se déroulent des raves, un restaurant, un club de danseuses ou de danse, etc. Dans l'ensemble, le respect du territoire est une règle observée par tous les acteurs du marché illicite, par les «vieux routiers» comme par les nouvelles recrues. D'ailleurs, les acteurs connaissent très bien les secteurs où ils peuvent opérer et ceux où ils ne le peuvent pas. Ils savent où ils peuvent vendre les marchandises et où ils ne peuvent s'aventurer en raison de leur appartenance à telle bande, à telle organisation criminelle ou à telle clique. Chaque lieu social devient un lieu commercial, toujours dans le respect du monopole exercé par les dominants et de l'exclusivité de certains détaillants. Les intermédiaires des organisations criminelles fourniraient les détaillants en tenant compte des points de vente de ces derniers. Quand un lieu de vente n'est pas «légal», c'est-à-dire qu'il n'appartient pas à l'organisation criminelle qui le chapeaute, l'intermédiaire préfère diriger le détaillant vers un autre fournisseur plutôt que de risquer que la marchandise soit confisquée. Autrement dit, les détaillants ne vendraient les produits que sur les territoires appartenant à leurs fournisseurs. Cette pratique garantirait la sécurité des vendeurs et le financement indirect de l'entretien et de la protection des territoires. Un fournisseur n'accepterait donc pas qu'un détaillant vende des produits appartenant à un autre fournisseur dans ses «boutiques», ses points de vente. Sur ce point, le mode de fonctionnement du commerce illicite est comparable à celui du commerce licite ; la société Gap ne pourrait pas vendre ses produits dans un magasin Zara.

Pour les mineurs, les premiers lieux de distribution des marchandises sont les écoles, la rue, les arcades, les centres sportifs et les endroits de divertissement, tels ceux où des fêtes se déroulent. Malgré une surveillance de plus en plus grande à la sortie des classes, les écoles restent des points de vente lucratifs pour les bandes de rue, surtout les écoles secondaires. Les clubs en sont aussi et, contrairement à ce qu'on pourrait croire, les mineurs peuvent y entrer facilement. Dans les clubs, la clientèle est facile à trouver et le risque de se faire prendre est plutôt faible, car ils appartiennent à des organisations criminelles, à des indépendants mafieux, à des cliques mafieuses ou encore à des bandes de rue membres des grandes familles. Les vendeurs sont donc «légaux» et protégés, puisqu'ils écoulent la marchandise du fournisseur attitré du club. Apparemment, ces endroits seraient en outre plus sûrs et plus discrets que les rues ou les endroits de rassemblement des jeunes, comme les arcades ou les lieux de fêtes. Par conséquent, les risques d'arrestation et d'agression y seraient moins élevés. Les personnes qui vendent dans les clubs travaillent majoritairement pour des organisations criminelles ou des grossistes indépendants mafieux, mais certaines bandes de rue appartenant à la famille des *Crips* et des *Bloods* auraient commencé à acquérir des clubs. Dans l'ensemble, les lieux de divertissement (clubs, bars, lieux où se déroulent des raves, etc.) demeurent des endroits intéressants pour conclure des accords commerciaux à l'abri des regards inquisiteurs des policiers. Quoi de plus plaisant que de joindre l'utile à l'agréable!

Les endroits où les raves se déroulent sont indéniablement des lieux de distribution des plus intéressants pour les bandes de rue, mais aussi pour les autres acteurs du marché illicite, dont les organisations criminelles. Les raves sont ces grandes fêtes organisées dans le but premier de gagner énormément d'argent en réunissant un grand nombre de personnes dans une enceinte où elles peuvent écouter de la musique techno. La vente de pilules d'extasie y est commune et fait même partie, dit-on, de la culture rave. Les raves durent plusieurs jours, sans arrêt. Il existe deux genres de raves : les légaux et les «underground», c'est-à-dire les illégaux. Les raves légaux sont organisés dans des lieux «respectables», comme le Stade olympique, et peuvent réunir jusqu'à 10 000 personnes, tandis que les raves illégaux ont plutôt lieu dans des endroits secrets, connus des initiés et réunissent 400 personnes en moyenne. Qui sont les organisateurs de ces événements, qu'ils soient légaux ou illégaux? Selon nos informateurs, les raves sont l'œuvre des organisations criminelles. Ils sont organisés par des membres influents qui appartiennent à certaines organisations criminelles et auraient rapidement compris qu'ils pourraient tirer d'énormes bénéfices de ce genre de fêtes, surtout en vendant de l'extasie. Selon nos informateurs, il faudrait être bien naïf pour croire que la vente d'extasie en ces lieux pourrait se faire sans l'accord tacite des forces de police, de certaines personnes du milieu des affaires, voire des gouvernements.

En examinant la manière dont la vente d'extasie s'est effectuée durant le rave *Creem*, qui a eu lieu au Stade olympique en 2001, on découvre toute l'importance du respect des territoires dans l'acquisition des ressources économiques. Selon les jeunes du milieu, *Creem* aurait été organisé par la mafia italienne. En conséquence, les espaces de vente à l'intérieur du Stade olympique étaient réservés aux détaillants de la mafia italienne. Toutefois, les espaces de vente à l'extérieur du stade étaient laissés à la vente libre; les autres acteurs du marché illicite pouvaient y vendre leurs produits sans craindre les représailles de la mafia italienne. La «légalité» de la vente était accordée à ceux qui étaient les plus forts ou avaient une solide protection. Les petits revendeurs pouvaient utiliser les espaces de vente extérieurs entre 18 h et 22 h, avant l'arrivée des membres de bandes des grandes familles (*Crips* et *Bloods*) et des personnes travaillant pour les motards. À partir de 22 h, le contrôle d'une partie des espaces extérieurs était exercé par les *Rockers* ainsi que par leurs alliés, en l'occurrence les *Crips*. Des groupes entretenant des relations commerciales ou des relations de paternité s'unissaient alors, afin d'obtenir la légalité de vente. De la même manière, les «amis» des alliés des dominants recevaient l'autorisation de vendre, et ainsi de suite. Les cliques d'Hochelaga et la bande des *Bo-Gars* formaient un groupe de travailleurs. Les cliques de l'est, les *Gars du Plan* et la bande des *CDP* en formaient un autre. Notons que tous ces groupes avaient au préalable passé des accords avec les *Rockers*. À tout ce monde-là venaient s'ajouter les petits détaillants de chaque groupe.

La présence légale de la bande des *Bo-Gars* à l'extérieur du Stade olympique était alors liée aux accords commerciaux qu'elle entretenait avec les *Hells Angels*, malgré son alliance avec les *Bandidos*. Ce qui n'était pas le cas de certaines bandes de Verdun qui avaient des relations uniquement avec les *Bandidos*. Ceux-ci se seraient fait battre et voler avant d'être expulsés. Vers 1 h du matin, les employés des *Rockers* et leurs alliés auraient reçu l'autorisation de la mafia italienne d'entrer dans les espaces de vente intérieurs jusqu'à 4 h du matin seulement, selon des accords alors conclus entre les *Hells Angels* et la mafia italienne. À 4 h du matin, le rave est complet, les danseuses ont terminé leur journée de travail, les espaces de vente intérieurs redeviennent alors «privés» et plus personne ne peut vendre s'il n'est pas un vendeur de la mafia italienne. Pour s'assurer du respect tant des accords que de son territoire, la mafia italienne aurait engagé des agents de sécurité. Certains affirment même que les policiers auraient, peut-être indirectement, participé à la protection des lieux en procédant uniquement à l'arrestation des vendeurs «illégaux». Vers 6 h du matin, l'heure du règlement des comptes avait sonné: les vendeurs devaient payer leurs fournisseurs et ceux qui s'étaient fait voler ou confisquer leurs pilules risquaient d'avoir de gros problèmes.

Les raves sont fort intéressants pour étudier la dynamique des relations de pouvoir entre les différents groupes criminels, que ce soit les organisations criminelles, les cliques mafieuses ou les bandes de rue. Le scénario de la vente d'extasie pour le rave *Creem* pourrait s'appliquer à d'autres raves organisés par la mafia italienne, tels que *Bal en Blanc*, *Swear* et *Célébration*. En tout cas, selon nos informateurs, les plus gros événements à Montréal sont organisés par des organisations criminelles, entre autres par la mafia italienne, qui aurait d'ailleurs commencé à ouvrir certains de ses clubs jusqu'à 10 h du matin, pour les «after-hours».

La circulation des produits

Comme dans tout commerce, les produits du marché illicite passent dans les mains de différentes catégories d'acteurs avant d'aboutir chez le consommateur. La distribution des marchandises, de même que les transactions, s'effectuent en fonction de «règles hiérarchiques commerciales», du fournisseur au détaillant pour aboutir au client. Ce mode de distribution influe non seulement sur le prix des produits, mais aussi sur leur qualité. Par exemple, un produit coûte beaucoup moins cher lorsqu'on l'achète chez un gros fournisseur que chez un petit grossiste. La redistribution hiérarchique des produits se rapporte donc à une circulation des marchandises vers le bas, c'est-à-dire du gros fournisseur au client, comme on peut le voir dans le commerce légal.

Afin de faciliter la compréhension du lecteur, nous marquerons une différence entre un grossiste membre d'une organisation criminelle et un grossiste indépendant, entre un petit et un important grossiste, entre un détaillant indépendant et un détaillant dépendant d'un grossiste, mais il existe bien d'autres acteurs, indépendants ou pas. Le marché illicite compte donc un grand nombre d'acteurs, qui forment un immense réseau en toile d'araignée et qui sont tous liés par un même enjeu : l'argent.

Le premier niveau de distribution des produits : les fournisseurs

Au premier niveau de la distribution des produits, seuls des adultes sont sur la scène. Comme dans beaucoup de commerces, les produits proviennent de gros fournisseurs qui détiennent le monopole de la production ou de l'importation. Ces fournisseurs sont des organisations criminelles ou certaines bandes majeures qui inondent le marché illicite de leurs intermédiaires, pour la plupart des membres de ces groupes. En outre, ces fournisseurs font aussi des affaires entre eux à l'échelle nationale et internationale. Les motards, par exemple, achètent une partie de leur cocaïne à la mafia colombienne et se fournissent, entre autres, aux Pays-Bas pour compléter les stocks de pilules d'extasie fabriquées dans leurs propres laboratoires.

Les gros fournisseurs vendent leurs marchandises à des grossistes indépendants et à certaines bandes qui agissent, elles aussi, à titre de grossistes. Les grossistes indépendants sont essentiellement des adultes qui entretiennent des relations d'affaires avec ces organisations criminelles. On peut retrouver dans cette catégorie un grand nombre de Québécois dits «de souche», ainsi que d'acteurs originaires du Moyen-Orient, de l'Afrique, surtout de l'Afrique du Nord, du Pakistan, de la Jamaïque, de la Chine et de l'Inde. Les grossistes indépendants qui sont chapeautés par des organisations criminelles de la même origine ethnique qu'eux peuvent se voir proposer une place dans ces organisations. Cependant, ils perdent alors leur statut de grossiste indépendant pour devenir des «grossistes-membres». Ce mode de recrutement est privilégié, entre autres, par les organisations criminelles qui ne sont pas portées «philosophiquement» à avoir sous leur coupe des bandes de jeunes de la même origine ethnique qu'elles (les mafias libanaise et italienne, par exemple). En effet, les jeunes de certains groupes ethniques ne fonctionnent pas en bandes et préfèrent souvent travailler en réseau.

Il est important de retenir que les acteurs du premier niveau de distribution, de même que ceux du deuxième niveau, n'ont pas uniquement des liens avec des personnes issues du marché illicite. Ils entretiennent aussi des relations avec un grand nombre d'acteurs influents de la société dominante, entre autres les agents de contrôle social (des policiers et des agents de probation, par exemple) et les agents de certains ministères (notamment celui de l'Immigration). Ils ont aussi des contacts dans les banques, les entreprises, le monde du spectacle, etc. Ils connaissent des personnes très riches qui habitent dans des quartiers huppés, comme Westmount. Tous ces contacts leur permettent de diversifier leurs activités et de ne pas s'en tenir qu'aux activités illicites.

Le deuxième niveau de distribution des produits : des grossistes aux détaillants

Forts de leurs excellents contacts, les grossistes indépendants et certaines bandes dominantes procèdent à une nouvelle distribution des marchandises et des services. Les bandes mères, par exemple, fournissent leurs bandes filles et intermédiaires, qui fournissent à leur tour les bandes bébés, les petits détaillants, les bandes de leur territoire ou de territoires différents et d'autres acteurs du marché illicite. La vente dans la rue est assurée, entre autres, par les bandes bébés, les bandes filles et intermédiaires, les petits détaillants indépendants et les bandes de peu d'envergure. Les bandes mères et les grossistes indépendants n'œuvrent en général que dans la redistribution en gros. Le travail dans la rue est plutôt laissé aux plus jeunes, aux petits vendeurs, qui devront faire leurs preuves ou prendre leur part du marché illicite. Lorsqu'on tente de comprendre qui sont les fournisseurs et les revendeurs, il est parfois difficile de s'y retrouver. Certains réseaux sont si vastes et possèdent tant de ramifications que remonter jusqu'à la source est un vrai casse-tête. Par exemple, un réseau peut comporter des liens entre des bandes mères et les grossistes indépendants fournissant de petits grossistes indépendants ou dépendants et de gros détaillants indépendants ou dépendants (vente au détail, mais avec une grande clientèle). Les gros détaillants dépendants peuvent aussi être sous la coupe de grossistes indépendants, de petits grossistes indépendants ou encore d'une bande mère. De la même manière, un petit grossiste dépendant peut être sous le contrôle d'une bande mère ou d'un grossiste indépendant. Tandis qu'un petit grossiste indépendant peut avoir comme fournisseurs des grossistes indépendants et des bandes mères. Enfin, un gros détaillant indépendant pourrait avoir comme fournisseurs des grossistes indépendants, des bandes mères et des petits grossistes indépendants ou dépendants. Le statut d'indépendant ouvre donc la porte à plusieurs fournisseurs de différents calibres. Cependant, la dépendance à un fournisseur ne signifie pas forcément que ce fournisseur exerce un monopole, puisque certaines bandes mères font des affaires avec des grossistes indépendants malgré leur dépendance à des organisations criminelles. Nous tenons à préciser que le terme «indépendance» désigne ici le fait de ne pas être utilisé comme soldat ou future recrue. On remarque donc que certains grossistes indépendants et certaines bandes mères entretiennent des relations d'affaires. De même, certaines bandes mères font des affaires entre elles et les grossistes indépendants, entre eux. Prenons pour exemple la bande des *CDP* et celle des *Goodfellows* de Côte-des-Neiges : toutes deux se fournissent en stupéfiants chez les *Hells Angels*, même si les *CDP* achètent aussi de la marijuana en provenance de la Jamaïque, aux *Goodfellows*. D'ailleurs, dans ce genre de commerce comme dans tout autre, les liens d'aujourd'hui ne sont pas forcément ceux de demain. Les relations entre les acteurs ou les groupes entre eux peuvent varier en fonction du prix du produit, de sa qualité, de l'absence de produit, etc., ou encore d'histoires entre eux. Les détaillants ou encore les personnes de terrain, celles de la rue, sont généralement les plus facilement repérables ; ce sont ces gens-là qui risquent le plus de se faire arrêter. Dans la rue, les produits passent dans bien des mains avant d'arriver dans celles des consommateurs. Les bandes filles et bébés, ainsi que les bandes de peu d'envergure, les petits grossistes et les détaillants (gros et petits), font partie de ces commerçants de la rue. Tous ces acteurs échangent, vendent et marchandent des produits de toutes sortes.

Il n'est pas rare qu'une bande de mineurs joue en même temps le rôle de petit grossiste et celui de gros détaillant. En effet, certaines bandes filles agissent à la fois comme des petits grossistes, en assurant le ravitaillement de leurs bandes bébés et d'autres groupes, et comme des gros détaillants, en participant à la vente massive dans la rue. Ces bandes possèdent une très grande clientèle grâce au contrôle qu'elles exercent sur des espaces de vente particuliers. Par ailleurs, certains petits grossistes indépendants ou dépendants peuvent avoir sous leur coupe des gros et des petits détaillants. Doit-on alors considérer que les petits grossistes font partie d'un niveau autre que celui des détaillants ? Nous estimons que même si les rapports de force diffèrent d'un individu à l'autre et d'un groupe à l'autre, tous ces acteurs participent directement à la vente dans la rue.

De la même manière que les acteurs du premier niveau, les acteurs du deuxième niveau ont aussi des relations avec des personnes non impliquées dans le milieu criminel. Certes, leurs contacts ne sont pas aussi influents que ceux des organisations criminelles ou de certaines bandes majeures, acteurs du premier niveau, mais nous pensons que ce n'est qu'une question de temps.

FRAUDE, VOL, BLANCHIMENT
ET TRAFIC D'ARMES

Au-delà du trafic de stupéfiants, les bandes de rue sont aussi très impliquées dans des activités frauduleuses de toutes sortes. Que ce soit dans la falsification de documents, tels les passeports, l'enlèvement de personnes en vue de toucher une rançon, l'utilisation frauduleuse de cartes de crédit, pour ne citer que quelques exemples, les bandes de rue développent des habiletés et des réseaux découlant du commerce de produits illicites. Parmi les activités illicites, la fraude est l'une des plus rentables et des moins risquées. Avant de se faire arrêter, un fraudeur peut empocher quelques centaines de milliers de dollars en utilisant des cartes de crédit et des chèques de société. Certaines bandes peuvent gagner des millions de dollars en se livrant à des activités frauduleuses en tout genre. Et pour avoir volé une voiture, un mineur peut être condamné à effectuer des travaux communautaires ou tout simplement à payer une amende.

La fraude met en scène un grand nombre d'acteurs, tant du milieu criminel que de la société. Comme quoi, la marge entre l'honnête citoyen et le jeune délinquant est bien mince. Les fraudeurs sont aussi bien des adultes que des mineurs, aussi bien des hommes d'affaires que des petits jeunes du ghetto ou des danseuses de club. Il est intéressant de constater que les activités frauduleuses semblent peu heurter la conscience de certains «honnêtes» citoyens qui côtoient allègrement ces jeunes mineurs ou adultes, membres de bandes ou d'organisations criminelles.

La fraude : un monde de possibilités

Dans le milieu criminel, tous les moyens sont bons pour faire de l'argent. La fraude, y compris l'usurpation d'identité (falsification de pièces d'identité), a donné naissance à un commerce florissant. Et le jeu en vaut vraiment la chandelle, puisque les fraudeurs n'encourent que de petites sentences. Certains jeunes se spécialisent dans un certain type d'activité frauduleuse. Que ce soit en enlevant des fraudeurs pour toucher des rançons ou en utilisant les bandes de mineurs sous leur coupe, certaines bandes mères ou d'adultes se font des millions de dollars dans le domaine de la fraude. Cartes de crédit, cartes de débit, passeports, chèques de société… les fraudeurs ne manquent pas de moyens ni d'imagination pour arriver à leur but. Dans certaines bandes, il existe des spécialistes de la fraude, des jeunes très intelligents qui ont su se faire des relations dans plusieurs ministères provinciaux et fédéraux, dans de grandes entreprises, ou encore dans des sociétés de crédit comme Visa ou Mastercard.

Selon les jeunes du milieu, il est très facile de frauder les banques et les sociétés de crédit. En fait, il existe deux façons de procéder : soit en utilisant une carte de débit, soit en utilisant une carte de crédit. Dans le cas de la carte de crédit, il suffit de se procurer une carte encore utilisable pendant au moins une semaine, de préférence de type Or ou Platine. Ensuite, le principe consiste à employer la carte pour faire des achats et retirer de l'argent à partir de guichets automatiques dans un délai de trois jours. Souvent, les fraudeurs connaissent leurs « victimes » et ont au préalable conclu avec elles des ententes de partage des bénéfices en échange de leur collaboration. En ce qui concerne les cartes de débit, la technique est différente. Tout d'abord, il faut se procurer, bien évidemment, une carte bancaire ayant les mêmes caractéristiques de validité et d'efficacité que la carte de crédit dont nous venons de parler, en d'autres termes, une carte appartenant à un individu ayant un solde élevé et un bon roulement dans son compte bancaire (un travailleur, un homme d'affaires, etc.). Par la suite, il suffit de trouver des chèques de société, de les déposer dans le compte bancaire, puis d'effectuer plusieurs retraits à partir d'un guichet automatique.

La technique semble donc simple, mais plusieurs questions se posent. Comment les fraudeurs se procurent-ils les cartes de crédit ou de débit, les NIP de ces cartes et les chèques de société ? Les contacts, tout simplement ! Ces fraudeurs entretiennent des relations d'affaires avec toutes sortes de personnes. La frontière entre les fraudeurs et les « honnêtes citoyens » est donc difficile à tracer. En effet, les fraudeurs réussissent à obtenir des chèques de société avec l'aide de certains dirigeants ou d'employés d'entreprises privées, gouvernementales et para-gouvernementales. Quant aux cartes de crédit et de débit juteuses, elles proviennent de gens aisés, d'entreprises, de cambriolages dans les quartiers huppés, etc. Ou bien elles sont volées dans les boîtes à lettres, les vestiaires des centres sportifs et des universités, etc. Les NIP sont décodés par des as de l'informatique et des décodeurs de haute performance, ou obtenus, eux aussi, avec la collaboration des « victimes », ou découverts grâce à des caméras de surveillance installées dans des magasins, des stations d'essence et d'autres commerces. Les fraudeurs ne manquent pas d'ingéniosité quand il s'agit de faire de l'argent. Une carte passe parfois dans les mains de plusieurs personnes avant de se retrouver dans celles de l'individu qui effectuera les retraits. Si, dans le domaine de la vente de drogues, plus le vendeur se rapproche du grossiste, plus le prix d'achat est moindre, dans celui de la commercialisation des cartes, plus on se rapproche de celui qui fera les retraits, plus le prix de la carte semble augmenter. Par exemple, un jeune qui aurait volé une carte dans une boîte à lettres la vendrait au maximum 100 $. Puis, l'acheteur la revendrait 500 $ ou 1000 $ à celui effectuant les retraits. Cependant, il peut y avoir d'autres intermédiaires entre l'acheteur et celui qui retirera l'argent. Lorsque ces fraudeurs savent utiliser ces cartes, ils peuvent empocher au moins 5000 $ par semaine. En outre, une personne possédant déjà un bon capital peut acheter des cartes en gros. Par ailleurs, certains employés des sociétés de crédit travaillent pour ces fraudeurs : ils leur fournissent des cartes, des NIP, des marges de crédit élevées et des chèques de crédit.

J'ai rencontré du monde à Westmount. Ça, c'était du monde qui faisait de l'argent légalement et qui avait des affaires légales. C'est un Arabe qui faisait beaucoup d'argent qui m'a présenté ces gens-là. Lui, dans les pompes à essence, il installait des caméras puissantes. Fait que quand y avait quelqu'un qui venait, il faisait son NIP, et c'était enregistré. Il [le client] donnait la carte pour passer. Il [le fraudeur] donnait une autre carte que la sienne. C'était toujours Desjardins. Fallait toujours que ça soit Desjardins, parce que ça fonctionnait qu'avec Desjardins. Les autres banques, c'était trop compliqué. Ensuite, il va tirer l'argent. Si c'est un gros montant, *il retire tout. Sinon, il essaye de magouiller l'affaire. T'as 4-5 jours pour faire tes affaires. Au début, tu retires l'argent. Après, tu peux essayer la fraude. Mais ça, c'est lui qui faisait ça. Il est rendu haut [ce gars-là]. Il a un double Blazer, un chalet à Toronto... En un an, il a fait son argent, parce que lui, il avait de gros contacts. Il connaissait les riches, les millionnaires de Westmount. Les parents millionnaires qui avaient des maisons de 800 000 $. Les enfants, ils avaient 17-18 ans, des Porsche. Eux autres, ils avaient de l'argent. Ils connaissaient du monde illégal. Alors ils investissaient dans l'illégal. Admettons, il [l'enfant de riches] a 2000 $. Il achète une livre de pot. Une livre de pot, tu te fais un bon 4000 $. Ils investissaient dans la drogue, dans toute.*

Un jour, il [le contact arabe] m'a montré un sac plein de cartes. Cartes d'assurance sociale, maladie, permis de conduire, toute. Je capotais ! Il m'a même donné une pile de cartes. Toutes les cartes, il les achetait. Il s'en foutait, il était plein d'argent. Il connaissait du monde de la banque qui peut pirater les cartes pour lui. Il avait de l'argent. Il s'en fout. Il achetait les cartes en gros, celles qui fonctionnent, celles qui ne fonctionnent pas. Il les essayait. Fait que là, il nous a montré une nouvelle façon. Il travaillait et il nous a dit qu'il l'avait fait avec une fille. Il nous a montré un permis de conduire avec une fille. Elle était dans l'auto à côté de lui. La fille, je la connais. Son nom n'était pas sur le permis, mais la photo est là. Il connaissait un gars qui avait un scanner. Qui avait tout un matériel pour faire des cartes maladie et des permis de conduire. C'est un Noir, le gars. Je ne le connais pas. C'est un gars illégal [c'est-à-dire qu'il ne travaille pas dans un service gouvernemental autorisé à délivrer les cartes d'assurance maladie et les permis de conduire]. Ce gars, il travaille et il a un Blazer acheté illégal. Il a de l'argent. Ils ont achetés trois Blazer achetés légalement au concessionnaire. Il faisait donc des fausses cartes avec la fille sur la photo. Elle allait et se faisait un compte de banque. Il déposait des chèques pour dire qu'elle se faisait de l'argent. Il fraudait le compte de banque, mais ça n'appartenait à personne dans le fond. L'autre façon de faire : il spotait quelqu'un et il le volait au complet. Il volait sa carte maladie, son permis, sa carte d'assurance sociale pour faire une demande de carte de crédit. Mais il connaissait le gars qu'il volait. Il le menaçait. Il faisait une demande de carte de crédit, il flambait l'argent comme si de rien n'était. Il ne fait pas ça avec un ami. Il fait ça avec une connaissance, une personne qu'il s'en fout d'elle. Il lui volait tout et il faisait une demande de carte de crédit. Ce type, il ne voulait pas me présenter ses plogues de Westmount, parce qu'il était prudent. Ce gars est parti du quartier avant moi. Parce que lui, il est entré dans la restauration et dans l'hôtellerie, et il s'est fait des contacts à Westmount. Du monde qui venait dans les hôtels, les restaurants. Ces contacts de Westmount, c'est des Juifs. Y avait un gars de 17 ans, il avait une Porsche. C'était l'argent de papa maman, mais eux autres aussi [les contacts], ils avaient de l'argent illégal. Mais papa maman ne savaient pas que eux autres ils avaient de l'argent.

Je connaissais aussi des Pakistanais. Eux autres, ils me loadaient des cartes de Mastercard. «Loader», ça veut dire qu'il y en avait un qui travaillait dans les bureaux de Mastercard, et il m'a fait monter la limite de crédit, et une semaine après, il a bloqué la limite de crédit. Mais il m'a crossé. Il a mis ça sur une autre carte et il a pris l'argent. Mais j'ai eu le temps de magasiner quand même. Les gars, quand ils me voient, ils arrêtent pas de me faire des demandes pour les cartes. Je dis que je suis plus là-dedans, que je sais rien, mais ils m'achalent quand même. À Noël, deux amis m'ont appelé pour deux passeports [il a acheté les deux]. Je dis : «C'est correct.» Fait que là, j'ai appelé A. Je lui dis : «J'ai un cadeau pour toi, deux passeports.»

Si, moi, en sortant d'ici, j'avais 100 000 $, je me ferais un autre 100 000 $ en moins de trois-quatre mois. Si tu veux entrer dans les deals, il faut que tu aies de l'argent. Parce que si tu as de l'argent, le monde va te respecter. Le monde va être porté à faire des affaires avec toi. Et si tu as de l'argent, tu peux faire tout ce que tu veux.
(Momo, 25 ans)

L'usurpation d'identité va presque systématiquement de pair avec la corruption. Les fraudeurs falsifient ou fabriquent des pièces d'identité pour diverses raisons, notamment pour faire de l'argent, se protéger de la police ou encore entrer dans des lieux réservés aux adultes (clubs, bars, etc.). La falsification de pièces d'identité et l'usurpation d'identité donnent accès à une multitude de possibilités: ouvrir des comptes bancaires ou encore obtenir des cartes de crédit ou de débit sous de fausses identités, vendre des passeports et toutes sortes d'autres pièces d'identité, telles que des cartes d'assurance maladie. À partir d'un acte de naissance, un fraudeur pourrait obtenir toutes les pièces d'identité qu'il souhaiterait. Et là encore, la réussite de l'entreprise nécessite parfois l'intervention de contacts importants à différents paliers gouvernementaux, comme Citoyenneté et Immigration Canada et le ministère de la Santé et des Services sociaux. Dans le domaine de la falsification des papiers, on trouve aussi bien des membres de bandes que des membres des organisations criminelles, sans oublier les cliques mafieuses, les «honnêtes citoyens» du monde des affaires, les fils à papa et les indépendants du milieu de la drogue.

On avait de bonnes connexions pour les chèques de compagnie. On avait des chèques des Iraniens, qui ont des compagnies… A, B. Ils ont aussi des restaurants. Tu les connais: A, C, J… Eux autres, c'est des mafiosos… enfin, c'est un petit groupe d'Arméniens… une petite mafia arménienne. Son père, qui est aussi dedans, il est fuck-up. Eux autres me donnaient les bons chèques de compagnie. Tu pouvais retirer 15 000 $. Tu mets ce chèque dans ton compte, tu attends deux jours que ça soit dégelé et tu vas au Casino de Montréal pour retirer l'argent. Parce qu'au casino, tu peux retirer de grosses sommes des guichets automatiques, et ça paraît pas suspect au casino. Alors que dans les banques, c'est des retraits de 500 $.

Les chèques et les cartes, on les a aussi des hommes qui sont honnêtes… qui sont pas criminels, mais qui sont prêts à faire de l'argent facile: des avocats, un homme qui avait une compagnie de fabrication de napkins, des hommes d'affaires, même un policier. En fait, son frère était un ami à nous. En plus, c'est un policier! Personne va mettre sa parole en doute. On fait ami avec eux, et ils sont d'accord pour faire de l'argent vite fait. Les meilleures cartes, c'est les A4. On fait des dépôts de 200 000 $ et des sous pour paraître clean, et *on retire des 8000 $ et quelques sous encore pour faire normal. Ça prend deux semaines pour être détecté. Moi, je ne sais pas si y avait des juges ou des grosses compagnies dans le coup... parce que c'était Amir qui cherchait ce genre de connexions.*

Après, je suis allé voir Isaac et je lui ai dit: « Trouve-moi une bonne carte de guichet, et je te l'achète à 5000 $. » Y m'a prêté les 5000 $, et j'ai acheté la carte. Mais comme je ne voulais pas lui devoir de l'argent, je l'ai mis dans le coup. Je lui ai dit: « Trouve deux chèques, et ça va être 50/50. » On a mis deux autres Iraniens dans le coup. On a mis deux chèques de 15 000 $, et on a retiré tout au casino. Le chèque est bon tant que la banque ne réclame pas l'argent à la compagnie. C'est pour cela qu'il faut faire le coup vite.

J'étais dans plusieurs affaires à la fois. J'étais dans les affaires de cartes, avec les danseuses, car j'aime les filles, et un peu de coke. Mais la coke, je prenais pas trop là-dedans. C'était X, que j'appelle « mon cousin », qui faisait plutôt ce business-là. La fois où j'ai eu le plus de cartes, c'était à l'aréna, quand les pompiers ont joué un match de hockey. On a cassé tous les cadenas et volé les portefeuilles. C'est de l'argent! On a décodé les codes. (Sam, 18 ans)

En ce qui concerne le trafic de passeports, il met en jeu un réseau fort diversifié et ramifié. Les premiers maillons de la chaîne sont les « chasseurs » de passeports. Ces acteurs sollicitent les voleurs de passeports par le téléphone arabe. Il leur faut à peine deux mois pour être connus dans le milieu et ne plus avoir besoin de faire de la sollicitation pour obtenir des passeports. Un bon chasseur peut recevoir au moins quatre passeports par jour. Quant aux voleurs de passeports, ils sont de tous les âges et de classes socioéconomiques variées: des mineurs, des adultes, des membres de bandes filles ou bébés, des prostituées, des danseuses, des escortes, des membres de petites bandes, des opportunistes, des amis d'école, des agents des services d'immigration, etc. Les vols ont lieu dans divers endroits, tels les aéroports, les résidences, les clubs de danseuses (où on chipe les passeports des touristes), les parcs d'attraction, les endroits touristiques, etc. Généralement, les voleurs ne font pas carrière dans le trafic de passeports et semblent plutôt être des opportunistes, contrairement aux chasseurs, qui sont davantage ancrés dans ce genre de commerce. Les chasseurs achètent les passeports pour 300 $ au maximum et les revendent entre 500 $ et 1000 $ à des acteurs que nous appellerons les «acheteurs». Un chasseur peut avoir un ou plusieurs acheteurs. De la même manière, un acheteur peut avoir un ou plusieurs chasseurs, et des «clients». En outre, un passeport peut passer dans les mains de plusieurs acheteurs avant d'arriver dans celles du client, de sorte qu'il est parfois difficile de différencier ces deux paliers. En fait, les clients sont l'avant-dernier maillon de la chaîne. La plupart du temps, ce sont eux qui entretiennent des relations avec des faussaires et des employés dans les services d'immigration au Canada, parfois même à l'échelle internationale. Les clients achètent les passeports aux acheteurs à un prix allant de 2500 $ à 3000 $ la pièce et les revendent à des «passeurs». Mais avant de les vendre aux passeurs, les clients falsifient les passeports avec l'aide, entre autres, de leurs contacts dans les bureaux d'immigration ou de faussaires spécialisés dans ce domaine. Ils les revendent ensuite 8000 $ au moins. Finalement, les passeurs vont livrer la marchandise outre-mer et toucher pour chaque passeport entre 10 000 $ et 15 000 $ américains. Quelquefois, le client préfère supprimer cet intermédiaire et vendre lui-même les passeports à l'étranger, toujours au prix de 10 000 $ à 15 000 $ américains. Le trafic de passeports a toujours été un commerce fort lucratif, mais il l'est encore plus depuis qu'assurer la sécurité du territoire est devenu une obsession dans certains pays.

Le blanchiment d'argent

Le blanchiment consiste à transformer l'argent dit «sale», généré par le commerce des produits illicites, en argent dit «propre», et ce, en l'introduisant dans le marché licite. Les techniques de blanchiment d'argent sont diverses. Pour blanchir de l'argent, certaines personnes ou certains groupes, tels que les organisations criminelles et certaines bandes appartenant aux familles des *Crips* et des *Bloods*, achètent des entreprises au Canada ou à l'étranger, ou bien utilisent des sociétés légales déjà existantes, comme le Casino de Montréal, des restaurants, des bars, des clubs, des entreprises de construction, etc.

Les organisations criminelles possèdent donc un grand nombre d'entreprises, de magasins, de restaurants, de bars, de clubs, etc., dans la grande région montréalaise, au Québec et ailleurs au Canada. Quant aux bandes de rue, le blanchiment d'argent par l'achat d'entreprises légales n'en est qu'à ses balbutiements. Mais certaines d'entre elles ont commencé à exploiter ce filon. Selon nos sources, une bande majeure de la famille des *Crips* posséderait, dans la région de Niagara Falls, un club nommé *Seduction*. Selon nous, la capacité d'une bande d'établir des entreprises légales est l'un des indices que cette dernière est sur la voie de la maturation. Autrement dit, celle-ci tendrait à ressembler de plus en plus à une organisation criminelle. Reste le trafic d'influence, découlant de la capacité de corrompre des politiciens ou des personnes ayant du pouvoir. On sait que les organisations criminelles sont des spécialistes en la matière. Or, selon nos informateurs, certaines bandes majeures se livreraient aussi à ce genre de pratique, même si elles sont encore loin d'égaler des organisations aussi rodées que les mafias.

Contrairement à ce qu'on pourrait croire, les membres des bandes de rue et les autres acteurs du marché illicite ne proviennent pas tous d'un milieu défavorisé. Certains sont même issus de familles aisées et célèbres. Ces personnes-là, aussi bien des adultes que des mineurs, utilisent l'argent de leurs parents pour se lancer dans des activités illicites, notamment le trafic de stupéfiants. Des enfants de familles fortunées investissent donc dans le trafic de stupéfiants, à la fois pour leur consommation personnelle et pour la revente au détail. D'autres échangent des cartes de crédit de valeur contre de la drogue ou participent au marché noir de produits licites, provenant en général des entreprises de leurs parents. Les enfants de familles riches et les enfants de familles pauvres travaillent donc ensemble, en partenariat. Les premiers, forts de leurs ressources pécuniaires, et les seconds, forts de leur connaissance du marché illicite, c'est-à-dire des produits, des lieux d'achat, des espaces de vente, etc. Les adultes nantis apportent, eux aussi, leur contribution au développement du marché illicite en investissant dans le trafic de stupéfiants et la fraude. Ces acteurs, qui possèdent de grosses entreprises légales ou en dirigent, font passer de la drogue par l'entremise de leurs sociétés d'import-export et vendent des chèques de société à des fraudeurs. Lorsqu'un mineur est impliqué dans de telles activités, c'est généralement l'enfant de l'un de ces dirigeants malhonnêtes. Le jeune vendrait les chèques des sociétés de ses parents. Parfois, les parents ne le savent pas, parfois ils se servent de leur enfant comme intermédiaire.

Le vol de voitures

Le vol de voitures est une activité très lucrative pour les organisations criminelles et leurs receleurs. Ceux-ci s'occupent essentiellement de la transformation, du découpage et de la distribution des voitures ou des pièces au Canada et à l'étranger. La transformation des automobiles se fait dans leurs nombreux garages. Les automobiles de luxe ou de l'année sont vendues à l'extérieur de Montréal, alors que celles qui sont destinées à être découpées se retrouvent dans les espaces de vente légaux de la région montréalaise. Les voleurs sont des adultes et des mineurs de toutes les classes socioéconomiques, tandis que les receleurs sont majoritairement des adultes.

Certaines organisations criminelles peuvent confier la tâche de voler les voitures aux bandes de jeunes avec lesquelles elles entretiennent des relations d'affaires ou de paternité. De la même manière, les bandes mères peuvent confier cette tâche à leurs bandes filles, et les bandes filles, à leurs bandes bébés. Dans la famille des *Crips*, les *NP*, une bande fille, volent des automobiles qu'ils revendent à perte, parfois pour quelques grammes de cocaïne, aux *CDP*, leur bande mère, qui les refilent aux *Hells Angels*. D'ailleurs, les *NP* ne sauraient quoi faire des voitures volées, puisqu'ils ne sont nullement «outillés» pour le recel. En effet, cette activité nécessite non seulement des garages pour découper et transformer la marchandise, mais aussi un réseau pour la revente des produits modifiés. La sous-traitance du vol de voitures, mais aussi de bien d'autres activités criminelles, ne signifie pas que les groupes précités ne volent pas eux-mêmes des voitures. Au contraire, ils ne confient pas cette tâche uniquement à leurs bandes filles ou autres, ils la confient aussi à des hommes de terrain intégrés dans leurs groupes.

Le trafic d'armes à feu

Dans les années 80-90, les bandes de rue constituées de mineurs détenaient essentiellement des armes blanches (couteaux, machettes, poings américains, etc.), auxquelles s'ajoutaient parfois des fusils coupés. La plupart du temps, ces jeunes achetaient de telles armes dans leur milieu immédiat, dans les surplus de l'armée et autres lieux de vente légaux ou les volaient dans des résidences. Les armes à feu étaient davantage aux mains des adultes, qui se les procuraient directement auprès des organisations criminelles, en l'occurrence les motards. Lorsque les *Crips* et les *Bloods* ont conclu des alliances commerciales avec les motards, les armes à feu ont commencé à prendre de plus en plus de place chez les bandes d'adultes et de mineurs. En fait, ces deux grandes familles se sont lancées dans la vente de cocaïne en même temps que dans l'achat massif d'armes à feu, outils importants pour vaincre l'adversaire. N'oublions pas que, dans ces années-là, la guerre entre les *Crips* et les *Bloods* faisait rage.

La grande majorité des armes qui se retrouvent sur le marché illicite proviennent des États-Unis, et celles achetées par les bandes de rue majeures ne font pas exception à la règle : ces bandes les importent des États-Unis. Les *Crips* et les *Bloods* les achètent par l'entremise de leurs partenaires commerciaux ou encore sur Internet, autre source d'approvisionnement. Sur la Toile, les armes se vendent en pièces détachées, pour être ensuite expédiées par la poste, ce qui est parfaitement légal au Canada. Toutefois, depuis que les bandes de rue se structurent et mettent sur pied des marchés au Canada et dans d'autres pays, les organisations criminelles ne sont plus les premiers fournisseurs d'armes à feu du marché illicite. Des bandes de rue en fournissent à d'autres bandes et même à certaines organisations criminelles. Par ailleurs, certaines bandes majeures continuent à acheter des armes à des organisations criminelles avec qui elles ont des accords de partenariat économique ou des affinités ethniques, mais elles préfèrent avoir plusieurs fournisseurs. Par exemple, les bandes de rue chapeautées par la mafia russe achèteraient des armes à feu, entre autres, à cette mafia.

Il n'est vraiment pas compliqué de se procurer une arme à feu. Selon nos informateurs, il suffit d'avoir des contacts, un point c'est tout. D'autre part, les armes à feu légales qui ont été volées puis «burinées» ne sont pas celles que l'on trouve le plus souvent dans le milieu criminel. En fait, le marché noir des armes provenant notamment des États-Unis demeure le plus préoccupant. Si la mafia russe et ses bandes de jeunes sont mises sur la sellette quant au trafic d'armes, il en est de même de tous les indépendants du Moyen-Orient et de l'Europe, sans parler de ces «hommes d'affaires» antillais qui connaissent très bien le milieu criminel. Pour ce qui est des bandes filles, elles se procurent des armes à feu auprès de leurs bandes mères et s'occupent de fournir leurs bandes bébés ainsi que les bandes filles partenaires.

C'est tout importé, ça. Ça vient d'autres pays. Y en a bien plus qu'un qui s'occupe des armes. C'est une grosse organisation. C'est mondial, y en a partout. Ça se fait toute par bateau. Y en a qui vont chercher la cargaison. Ils achètent les armes aux Russes, aux Américains. Ce n'est jamais la même personne. Tout le monde pense que les contacts, c'est compliqué à avoir. Mais non! Si t'analysais ton environnement, tu te rendrais compte des contacts que tu peux créer. Les armes, c'est une business facile. Les motards, ça fournissait pas mal les gars de gangs, mais maintenant, ils [les membres de gangs] ont leurs propres contacts aussi. Avant, ils n'avaient pas l'argent comme maintenant. Quand t'as l'argent, tout est possible. (Sylvain, 18 ans)

On a des armes: des machettes, des guns, des pics, des battes de baseball. Les guns, on les achète par connexion. Des gars qui connaissent des gars qui en connaissent d'autres là. Y a des gars qui se sont fait arrêter plein de fois et qui connaissent des gars de Pie-IX. Les gars des NP, les National Posses. Pas les CDP, parce que eux, c'est des grands là. On connaît les MOB, ceux de Pie-IX, et les NP, c'est ceux de Saint-Michel. Y en a quelque-uns qui achètent d'eux les guns. Pis d'autres, des Jamaïcains. Y en a qui connaissent des Québécois de l'est qui dealent avec des motards, et des motards même. Pis, y a des Russes à Côte-des-Neiges. Nous, on connaît les jeunes [russes], pis les jeunes connaissent des plus vieux, et ces plus vieux là connaissent des plus vieux encore. C'est des Russes comme ça là. Les jeunes russes, y en a qui sont dans des gangs et d'autres pas. Y en a sûrement qui sont dans la mafia dans les adultes. Les Jamaïcains, eux autres, ils se tiennent avec les Saint-Vincent *et les* Trinidates. *Ils se tiennent ensemble comme des petits groupes, avec les gens de l'île de Saint-Vincent, les gens des Caraïbes. Ce n'est pas vraiment des gangs. Ils ne se tiennent pas vraiment avec les Haïtiens, mais ils se connaissent.* (Jonny, 16 ans)

Chapitre 5
Être femme dans un milieu d'hommes

Dans le milieu criminel, les femmes restent essentiellement des marchandises. Parfois, elles jouent certains rôles, comme ceux de vendeuses de stupéfiants, de voleuses et de passeuses d'armes, mais il est très rare, qu'elles soient chargées de vendre des produits en gros ou de diriger des groupes. Quelques bandes de rue sont exclusivement féminines, et même si certaines dirigent leurs propres groupes, il n'en demeure pas moins que, dans les grandes familles, elles sont vues comme des bandes bébés et ne peuvent espérer y acquérir un jour, à force de réussites, une meilleure place. Elles ne pourront jamais devenir des bandes filles ni accéder à une bande mère, par exemple, et sont vouées à disparaître. Aux yeux de leurs compères, elles sont et resteront « des filles », autrement dit des marchandises. Elles n'ont d'existence que par l'argent qu'elles peuvent rapporter à l'organisation, entre autres, par le commerce de leurs charmes.

LA PROSTITUTION ET LE PROXÉNÉTISME

Le trafic de femmes et d'enfants n'est malheureusement pas un phénomène récent. Il est l'un des commerces les plus lucratifs pour les organisations criminelles. Dans certains pays, comme l'Allemagne, où l'on a assisté à une décriminalisation du proxénétisme, pour ne pas dire à une légalisation, les groupes criminels s'en donnent à cœur joie pour grossir leur chiffre d'affaires. Au Canada, dans certains cas, il est facilité par la politique d'immigration canadienne, qui, par exemple, laisse toute latitude aux services d'immigration de délivrer des visas de travail à des danseuses exotiques provenant, entre autres, de pays de l'Europe de l'Est. Cette tolérance a favorisé l'entrée au Canada de jeunes filles traitées en esclaves sexuelles par des proxénètes sans scrupule. Certes, les « filles blanches » sont des produits recherchés, mais les « filles exotiques » prennent de plus en plus de valeur sur le marché. Il est courant d'entendre dire que les filles blanches sont utilisées par des membres de bandes noires et que les jeunes filles antillaises seraient plutôt épargnées, grâce à la solidarité ethnique. En réalité, les jeunes filles antillaises risquent autant que les jeunes filles blanches d'être victimes du trafic de femmes, puisque non seulement elles représentent une denrée exotique très demandée, mais elles sont plus exposées en raison de la présence de prédateurs dans leur entourage immédiat. Elles peuvent être recrutées par un voisin ou un ami de leur père, ou encore par des bandes de rue s'adonnant à ce genre de commerce dans le quartier où elles vivent. Ce qui ne veut pas dire que les quartiers huppés ne sont pas des endroits de recrutement ni que les jeunes filles blanches sont davantage à l'abri. Rien n'est vraiment tout noir ou tout blanc dans un monde dominé par l'argent.

Dans bon nombre d'études sur la question de la prostitution juvénile à Montréal impliquant des gangs de rue, on fait état de fugueuses qui ont été recrutées par des membres de bandes, de la jeune fille blanche ayant fui le foyer familial et découvrant l'amour dans les bras d'un membre d'une bande, généralement un jeune noir qui, après la lune de miel, lui demande de travailler pour rembourser tous les cadeaux. Il est vrai que le recrutement des jeunes filles se fait en partie de cette manière, mais il est important de sortir des clichés en comprenant bien que derrière les jeunes noirs membres de bandes se cachent très souvent des organisations criminelles. Le trafic des femmes et des jeunes filles, voire des enfants, est soumis aux règles du marché, de la même manière que celui des stupéfiants ou des automobiles de luxe. L'offre est soumise à la demande, et naguère, ce n'était pas les bandes de rue qui s'occupaient de répondre à la demande, mais bien les organisations criminelles.

La prostitution juvénile et adulte, les escortes et les danseuses existaient à Montréal bien avant l'apparition des bandes de rue. On associe assez rapidement toutes les formes d'exploitation sexuelle des femmes et des jeunes filles aux bandes de rue. Mais qui s'occupait du recrutement et de l'exploitation des filles lorsque les bandes de rue n'existaient pas à Montréal ? Le crime organisé ! Par conséquent, assisterions-nous actuellement à un changement au niveau du contrôle de ce genre de commerce ? Le marché est en train de changer, certes, et les bandes majeures ont compris qu'elles pourraient faire beaucoup d'argent si elles réussissaient à contrôler la logistique permettant d'assurer le bon flux de ce genre de « produits », entre autres par l'acquisition de clubs, de bars, d'agences d'escortes, etc.

Toutefois, le trafic des femmes est encore sous le contrôle des organisations criminelles, bien que les clichés véhiculés laissent entendre qu'il est entre les mains des bandes de rue. Prenons pour exemple l'histoire ayant mis les *Wolf Pack* de Québec à l'avant de la scène. Qu'avons-nous su ? Nous avons entendu parler de jeunes membres de bandes noires, de politiciens soupçonnés d'avoir trempé dans cette affaire, d'arrestations de personnalités connues et d'autres adultes, des clients pour la plupart, mais nous n'avons pas entendu parler, ou très peu, des vrais meneurs : les *Hells Angels*. L'un de nos informateurs soutient que les *Wolf Pack* ne seraient pas associés aux *Crips* et n'auraient pas de liens avec Montréal. Cette bande serait née dans un ghetto de la ville de Québec. Néanmoins, plusieurs autres informateurs prétendent que les *Wolf Pack* seraient d'anciens *Crips* qui entretiendraient depuis le départ des relations avec la famille des *Crips* de Montréal, dont certains membres auraient changé de camp pour aller chez les *Bloods*. Dans le milieu, on raconte que des *Crips* seraient partis à Québec ouvrir de nouveaux marchés, dont celui de la prostitution juvénile. Ils auraient alors profité de la demande existant dans cette ville pour monter leur propre réseau avec des partenaires du coin. Compte tenu de la convergence des informations en faveur de la deuxième version, nous tendons à penser que les *Wolf Pack* sont une « succursale » des *Crips*. Quoi qu'il en soit, la bande des *Wolf Pack* aurait procédé au recrutement des filles, mais ce serait quelques individus originaires du Moyen-Orient ainsi que des membres des *Hells Angels*, par l'entremise d'une agence, qui auraient assuré la circulation des filles et de l'argent. En définitive, des politiciens avaient-ils oui ou non trempé dans cette affaire? Dans le monde criminel, les rumeurs à ce sujet sont nombreuses, mais nos informateurs ne nous ont donné aucun fait. Le mystère demeure donc entier!

En ce qui concerne la prostitution juvénile, la clientèle est variée et appartient à une classe socioéconomique plutôt favorisée: hommes d'affaires, politiciens, professionnels, artistes, personnalités célèbres, policiers... Pas étonnant que la prostitution juvénile rapporte gros! En ce qui concerne les politiciens, si quelques-uns se contentent d'être des clients, d'autres seraient, selon certains de nos informateurs, impliqués indirectement dans le trafic de stupéfiants et la prostitution juvénile. Ils seraient tout à fait au courant de ce qui se passe, mais ils fermeraient les yeux sur un bon nombre de choses. La police n'est pas en reste; la GRC, la SQ et le SPVM sont pointés du doigt, accusés de se remplir les poches lors des descentes et de tirer des bénéfices des produits illicites saisis. Là encore, nous n'avons aucune preuve tangible de ces allégations, excepté une convergence des propos de nos différents informateurs.

Le trafic des femmes est une activité en expansion dans le milieu des gangs de rue, mais il est relativement peu prisé par les bandes composées de mineurs, qui bénéficient peu de ses retombés économiques. Les groupes qui en recueillent les plus gros bénéfices sont, bien évidemment, les organisations criminelles et les *Syndicats*, mais aussi certaines bandes majeures, telles que les *CDP* ou les *Bo-Gars*. Dans le milieu des bandes de rue, ce sont en fait les bandes majeures qui profitent le plus de ce commerce, comparativement aux bandes filles ou bébés. Une fille peut rapporter à une bande majeure environ 1000 $ par jour, 5000 $ par semaine et 250 000 $ par an.

À Montréal, certaines bandes de rue impliquées dans le commerce des femmes et des jeunes filles s'occupent non seulement du recrutement, mais aussi de la circulation et de la surveillance de ces « marchandises ». Les bandes n'ont pas toutes la possibilité de faire travailler les filles pour elles. En effet, bon nombre d'entre elles n'ont pas les contacts ni la logistique (bars, agences, etc.) nécessaires pour faire travailler leurs filles. Alors elles s'occupent uniquement du recrutement des filles et de les vendre à des groupes plus organisés et mieux structurés pour ce genre de commerce, en l'occurrence les motards, les mafias et certaines bandes majeures. Les bandes qui ne font que du recrutement sont généralement constituées de mineurs et sont peu organisées. Très souvent, elles sont sous la coupe de bandes d'adultes plus organisées ou appartiennent à une famille, les *Crips* ou les *Bloods*. Dans ce cas-là, elles revendent ou troquent les filles recrutées aux bandes d'adultes qui les chapeautent. Ensuite, les échanges peuvent se faire avec d'autres bandes ou directement avec l'organisation criminelle alliée. Par exemple, les bandes russes ou asiatiques vendent les filles recrutées ou les donnent, contre de la drogue ou des armes, aux organisations criminelles apparentées, soit les mafias russe et chinoise. Les mineurs des bandes appartenant à la famille des *Crips* ou des *Bloods* agissent de la même manière avec leurs bandes mères respectives, qui feront travailler les filles dans leurs réseaux et dans leurs bars, leurs clubs, leurs agences d'escortes, etc. Toutefois, ces bandes mères demeurent incontestablement la courroie de transmission des filles auprès des motards, qui utilisent les bandes de rue pour le recrutement des mineures. Elles fournissent aussi le *Clan italien* et certaines cliques mafieuses. D'ailleurs, on sait que le *Clan italien* a une alliance commerciale avec la famille des *Bloods*.

Si certaines bandes de jeunes s'occupent seulement du recrutement des filles faute d'avoir les moyens financiers et logistiques de les faire travailler pour elles, les bandes majeures, avec la collaboration de leurs alliés en rapport avec les organisations criminelles, récoltent en outre les bénéfices de la prostitution grâce à leur plus grande organisation dans ce secteur. Ces bandes possèdent maintenant des lieux à Montréal, en Ontario, entre autres à Niagara Falls (bar *Seduction*), et aux États-Unis pour faire danser et se prostituer les filles. Elles ont aussi, comme les motards, des agences d'escortes et utilisent même des lieux appartenant aux motards et à des mafias, auxquels elles paient, en contrepartie, des redevances. Certains informateurs soutiennent que les bandes des familles des *Crips* et des *Bloods* recrutent de moins en moins pour les motards et davantage pour elles-mêmes. Ce qui voudrait dire que les bandes impliquées dans le commerce de femmes ont de moins en moins besoin de la collaboration des motards pour faire travailler les filles ; ces bandes auraient établi leurs propres réseaux de distribution.

Une partie du recrutement des filles (mineures et adultes) se fait aussi par l'intermédiaire de bandes de jeunes ou encore par celui d'acteurs (mineurs et adultes) qui ne sont pas forcément dans des bandes. Lorsque le recrutement s'effectue par l'entremise de bandes de jeunes, ce sont les bandes mères qui passent des commandes à leurs bandes filles, qui peuvent faire de même avec leurs bandes bébés. Les membres des bandes filles peuvent également confier la tâche de recruter à d'autres personnes : des copines, des amies de cœur, des filles de leur famille, des filles impliquées dans des bandes (les *Crazy Angels*, par exemple) ou d'anciennes recrues. En outre, les amies de cœur et les copines peuvent être utilisées comme marchandises. Contrairement aux bandes filles et bébés qui s'occupent uniquement de recruter, les bandes mères peuvent faire travailler les recrues comme prostituées ou comme danseuses. L'âge est l'un des éléments expliquant cette situation, car il est plutôt difficile pour un mineur de devenir propriétaire de bars et de club où faire danser des filles ou d'agences d'escortes. Le commerce des charmes des femmes nécessite de nombreux contacts et la possibilité d'avoir des lieux de vente. Le contrôle de la prostitution et des clubs de danse se trouve donc dans les mains d'adultes nantis, qui utilisent des mineurs pour se ravitailler.

Les organisations criminelles ont leurs propres réseaux de recrutement au Canada et à l'étranger, mais elles passent aussi des commandes aux bandes mères qui leur sont affiliées. Dès leur apparition dans la grande région montréalaise, les bandes de jeunes ont préféré le trafic de stupéfiants à celui des femmes, car ce dernier était alors moins rentable. Ce sont les motards qui ont initié la bande des *CDP* et celle des *Bo-Gars* à ce commerce, à la suite de la conclusion d'accords d'échanges commerciaux. Dans les années 90, ces bandes participaient activement au recrutement des filles pour les motards et n'en tiraient que de faibles bénéfices. Parce que les recrues travaillaient ensuite dans les bars, les agences et les clubs des motards, bien sûr, mais aussi parce qu'il fallait beaucoup de temps, de travail et d'argent pour « faire la tête à une fille ».

Il y a une dizaine d'années, certaines bandes de rue se sont aperçues que le commerce des femmes pourrait être très lucratif pour elles si elles s'y livraient en toute indépendance, et non au service des organisations criminelles. Ces bandes ont donc acquis des bars pour y faire travailler leurs recrues, au lieu de les laisser œuvrer chez ou pour les motards. Nous pensons que ce commerce, surtout celui relatif à la prostitution juvénile, risque de prendre de plus en plus d'expansion chez certaines bandes dominantes adultes et que, éventuellement, ces dernières agrandiront leurs propres réseaux de diffusion en important des filles de leurs pays d'origine. Toutefois, nous doutons que les bandes filles et bébés puissent jouer un jour un autre rôle que celui de recruteurs. Les bandes mères continueront à les utiliser de la même manière que les organisations criminelles utilisent les bandes mères qui leur sont affiliées. Là encore, quelques indices nous donnent lieu de croire que certaines bandes montréalaises sont dans un processus de maturation vers un mode de plus en plus organisé.

Le recrutement des filles se fait à divers endroits : les écoles, les bars, la rue, l'entourage, les stations de métro, etc. Quant aux lieux de racolage, ils sont multiples : les bars, les clubs, la rue, les agences d'escortes, les bordels, etc. La plupart de ces endroits appartiennent à des organisations criminelles ou à leurs relations. Les propriétaires « louent » leurs locaux en échange de compensations financières. Les femmes sont sous la supervision de proxénètes qui prennent un pourcentage sur leurs recettes et en reversent une partie aux locateurs. La diffusion des femmes adultes est beaucoup moins compliquée que celle des mineures, compte tenu des vérifications des papiers d'identité. Les mineures sont soit exportées vers d'autres provinces ou pays, soit munies de faux papiers d'identité. En général, les organisations criminelles et certaines bandes mères qui ont la logistique nécessaire préfèrent les exporter, surtout s'il s'agit de jeunes filles en fugue.

L'exploitation sexuelle des femmes est commune dans le milieu criminel, mais se retrouve aussi sous d'autres formes dans la société générale. Que ce soit dans la mode, dans l'industrie de la pornographie (films et sites Internet) ou dans les pays européens où la prostitution est légale, pour ne citer que quelques exemples, le corps de la femme est un objet rentable. L'image de la femme est tout aussi sexualisée dans le milieu criminel que dans la société. C'est celle de la femme objet et soumise. Au-delà des faux-semblants et de la langue de bois, il est indéniable que la demande de cette chair humaine ne provient pas, au départ, du milieu criminel, mais malheureusement de gens considérés comme d'honnêtes citoyens, et ce, toutes classes sociales confondues.

Contrairement au trafic des stupéfiants, qui contraint chaque groupe à vendre uniquement sur son territoire et ceux de ses alliés, le trafic des femmes ne serait soumis à aucune restriction territoriale. Le marché semble donc plus libre. C'est sans doute la raison pour laquelle des membres de bandes adverses peuvent très bien se retrouver dans le même club pour y faire danser leurs filles. Dans le milieu illicite, on appelle cela le «pimp game». Certains lieux sont toutefois des territoires réservés, soit parce qu'ils appartiennent de longue date à une organisation criminelle quelconque, soit parce qu'on n'accepte pas que des danseuses sous la coupe de groupes illicites y travaillent. Souvent, les filles vont danser, à la demande de leurs proxénètes, dans des endroits où l'on ne sait pas qu'elles appartiennent à tel ou tel groupe illicite. Ces filles sont envoyées un peu partout incognito, dans des bars, des clubs, des hôtels, dans la grande région montréalaise, mais aussi dans tout le Canada et aux États-Unis, en l'occurrence à Miami et à Los Angeles. À Miami ou à Niagara Falls, une fille peut gagner pour la bande au minimum 4000 $ américains en une semaine. Il n'en demeure pas moins que les bandes de rue qui s'adonnent au commerce des femmes ne sont que les joueurs d'une ligue mineure comparativement aux organisations criminelles qui contrôlent le trafic mondial de la chair humaine, notamment celle des enfants. Mais en côtoyant leurs alliés, certaines bandes de rue ont pris des leçons, de sorte qu'elles commencent à occuper une belle place sur l'échiquier montréalais, national et international.

Dans la plupart des cas, les filles sont envoyées d'un lieu de travail à l'autre, parfois même d'une région à l'autre, d'une province à l'autre, d'un pays à l'autre. On observe donc un fort roulement des « produits », qui explique la grande difficulté des policiers à retracer ces jeunes filles. Celles-ci sont d'ailleurs déplacées dès que le groupe soupçonne la moindre surveillance policière. De toute façon, qu'elles soient surveillées ou non, mineures ou adultes, les filles sont droguées, violentées et déplacées dans divers lieux du Canada ou exportées aux États-Unis, en Europe et en Asie. Les filles qui sont recherchées par leurs familles risquent davantage d'être exportées que les adultes « consentantes ». Par ailleurs, les premières victimes sont les filles résidant sur le territoire d'une bande ou d'une organisation criminelle. L'image de la jeune fille blanche fugueuse qui se fait recruter aux abords d'une bouche de métro par le jeune noir membre d'une bande ne représente qu'une infime partie de la tragédie. Un grand nombre de jeunes filles antillaises, asiatiques, latino-américaines sont elles aussi victimes de groupes mafieux. Les victimes de la mafia chinoise sont principalement des personnes appartenant à la communauté chinoise, où chacun vit en respectant la loi du silence. De la même manière, les *Crips* ou les *Bloods* ont plutôt tendance à recruter sur leurs territoires et dans leur propre groupe ethnique, où ils entretiennent un climat de terreur. D'ailleurs, l'exportation des filles répond aussi à des critères ethniques, établis en fonction de la rareté de tel ou tel type de femmes dans certaines zones. Autrement dit, les groupes expédient plutôt les filles de couleur dans des lieux où la population est essentiellement blanche et vice versa. Une fille noire rapportera beaucoup plus d'argent au Nouveau-Brunswick qu'à Montréal, tout comme une fille blanche en rapportera plus dans certaines régions des États-Unis qu'à Montréal.

LE STATUT ET LA CONDITION DES FEMMES DANS LE MILIEU CRIMINEL

Que ce soit dans les bandes de jeunes ou dans les organisations criminelles, le machisme règne en maître absolu. Les mots employés pour parler de la gent féminine en disent long sur l'image que les hommes se font des femmes : ce sont des «bitches», des salopes, des putains, etc. Néanmoins, les membres des bandes ou des organisations criminelles défendent la réputation de leurs sœurs, de leur mère, de leur femme avec férocité. À leurs yeux, seules les femmes des autres sont des «bitches». On ne touche pas aux femmes de la famille, mais on estime tout à fait normal d'exporter une mineure dans une autre province afin de la faire danser nue ou se prostituer. Par ailleurs, si les membres de bandes se montrent relativement protectionnistes envers les femmes de leur famille, ils ne le sont pas du tout envers celles de leur famille éloignée (leurs cousines, par exemple). Il arrive même que ces dernières fassent partie du lot des femmes commercialisées.

Sur le marché de la drogue, les femmes occupent encore une place inférieure. Vues et traitées comme des marchandises, maintenues sous le joug de truands, elles ne peuvent qu'espérer être des détaillantes sur l'échiquier du trafic des stupéfiants. Dans le milieu criminel, très peu de femmes accèdent à des postes de pouvoir. Au cours de notre enquête, nous n'avons eu vent d'aucune femme placée en position de pouvoir. Même la bande des *Crazy Angels*, qui n'existe plus actuellement, était une bande bébé des *NP*, dans la famille des *Crips*. Ses membres revendaient la drogue que les *NP* leur fournissaient et partageaient les bénéfices avec eux. En contrepartie, les *NP* étaient censés assurer leur protection et s'arranger pour qu'elles soient autorisées à vendre dans le quartier Saint-Michel.

Un bon nombre de femmes agissent aussi à titre d'intermédiaires dans la distribution de divers produits ou bien comme «couvertures» pour des fraudeurs. Les fraudeurs se servent des femmes, parfois des amies de cœur ou des danseuses à leur solde, pour ouvrir des comptes bancaires et falsifier des cartes de crédit ou d'identité. Les femmes uniquement utilisées comme des intermédiaires sont, pour la plupart, des parentes éloignées ou des amies intimes des malfaiteurs. Par conséquent, elles ne font pas l'objet d'une surveillance policière accrue et représentent de très bons alibis. Certains membres de bandes utiliseraient même leurs amies de cœur ou intimes pour le recrutement des filles et la supervision des futures recrues.

Les femmes constituent aussi d'excellents « ponts » relationnels pour les bandes. En effet, les danseuses, les escortes et les prostituées peuvent être utilisées pour des tâches connexes, comme la vente de stupéfiants, mais aussi pour le vol de cartes de crédit, de pièces d'identité et de chèques. Car il leur est très facile de subtiliser les documents recherchés à une clientèle fortunée, constituée notamment d'hommes d'affaires, de politiciens, d'avocats, de juges, de procureurs et d'artistes. En outre, elles peuvent servir d'intermédiaires entre les fraudeurs, qui sont soit des souteneurs, soit des amis, des parents ou tout simplement des associés, et certains de leurs clients très riches. Dans ce cas-là, leur rôle consiste à favoriser les contacts et l'obtention de chèques de société, de cartes de crédit Platine et Or, de limites de crédit élevées, etc. Les rapports sexuels deviennent alors une monnaie d'échange ou des moyens de chantage, de la même manière que la drogue.

Dans le milieu criminel, les femmes sont donc surtout et avant tout des femmes-objets. Marchandises, intermédiaires, vendeuses, compagnes de plaisir… le statut des femmes n'est vraiment pas enviable. La compagne de plaisir est celle qui participe aux fêtes, aux beuveries (chez les motards) et qui est offerte en cadeau lors de réunions d'affaires. En outre, il y a les porteuses d'armes, qui, comme leur nom l'indique, porteraient en catimini les armes de leurs compagnons, du fait qu'elles paraîtraient moins suspectes, moins dangereuses aux yeux des policiers et des acteurs du milieu autres que leurs amants. Ainsi, dans les lieux publics de divertissement, elles ne seraient pas systématiquement fouillées, tandis que les hommes le sont toujours. Enfin, les femmes sont utilisées comme appâts lors de certains règlements de compte. Et pour couronner le tout, des femmes infiltrées dans le milieu travaillent comme espionnes pour le compte des forces de police ou encore de bandes adverses.

Chapitre 6
Un monde parallèle ou similaire ?

IL Y A TOUJOURS QUELQU'UN, QUELQUE PART, QUI DOIT UN SERVICE À QUELQU'UN !

Dans le commerce illicite, comme dans n'importe quel commerce, les acteurs se doivent de tisser un grand nombre de relations s'ils veulent battre leurs concurrents. En fait, les relations leur permettent d'avoir accès à des informations importantes, notamment en ce qui concerne les techniques de travail et les fournisseurs, afin d'augmenter leurs ressources économiques. Le nombre des contacts (personnes que l'on connaît) est donc important, tout comme leur qualité et leur valeur, leur poids. Faire des affaires demande certaines qualités, entre autres, être un bon communicateur et un bon négociateur, être sociable et, bien sûr, avoir le sens des affaires. Tous les jeunes que nous avons rencontrés ne se lassaient pas de nous expliquer avec quelle facilité les relations pouvaient s'établir dans le marché illicite. Les activités ludiques ou professionnelles permettent de nouer des liens avec des acteurs fort différents. Tout fournit l'occasion d'amorcer ou de consolider des relations susceptibles d'apporter des affaires.

La famille
La famille est le premier cercle de socialisation de l'être humain et, de surcroît, son réseau primaire. Dans le milieu de la criminologie, une famille impliquée dans des activités illicites ou dans des groupes déviants est souvent perçue comme un «facteur criminogène», une influence négative pour leurs jeunes. Il est rapporté que ces familles sont dysfonctionnelles et constituent un facteur de risque d'implication

dans une bande. Il est beaucoup plus facile de mener à bien des affaires illicites ou de s'intégrer dans une bande lorsqu'on a au moins un membre de sa famille déjà impliqué dans ce genre de groupe. En effet, ce parent peut permettre non seulement d'avoir accès à des ressources et à des contacts importants (fournisseurs, clients) du groupe, mais aussi d'obtenir assez vite de l'avancement dans ce groupe. Par ailleurs, avoir de la famille impliquée dans un commerce illicite favorise l'accessibilité aux postes de pouvoir et aux avantages économiques. En outre, vu que, dans ce genre de commerce, la confiance est un élément vital pour la survie des acteurs, il est évident que le recrutement intrafamilial est privilégié. Les membres de bandes ayant des postes clés s'arrangent pour que leurs acquis soient transférés à leurs descendants.

Si t'as du monde de ta famille dedans, tu entres facilement et tu montes vite. Mais ceux qui n'ont pas de famille dans la gang, ils peuvent entrer et monter grâce aux amis. Moi, mon ami, il est entré grâce à moi et parce que deux de ses amis, leurs grands frères sont dans les Bo-Gars. (Ko, 18 ans)

Si certains criminologues considèrent la famille comme un «facteur criminogène» dans le sens où elle contribue à l'implication du jeune dans une bande, d'autres la considèrent plutôt comme un facteur facilitant grandement la réussite «professionnelle» du jeune dans le commerce illicite. En d'autres termes, ils la voient en quelque sorte comme un bon contact, qui intervient, le cas échéant, pour que le jeune soit intégré dans un groupe, qu'il y fasse carrière facilement et qu'il obtienne des avantages économiques. D'ailleurs, tous les jeunes rencontrés nous ont dit qu'ils n'avaient jamais été poussés à entrer dans une bande, même ceux dont un membre de la famille était impliqué dans un groupe avant leur entrée dans le milieu criminel. Comme quoi, là encore, le monde criminel ne diffère guère de la société générale.

Les contacts « professionnels » et amicaux

Au cours de leur cheminement, les membres des bandes développent un grand nombre de relations, aussi bien durant leurs activités ludiques que durant leurs activités professionnelles. Adultes et mineurs de toutes appartenances ethniques et religieuses sont en interrelation, tous stimulés par un même but, un même enjeu : faire des affaires. Lors du recrutement, les organisations criminelles, les cliques mafieuses et les bandes mères tiennent énormément compte de leurs intérêts : « Tu vaux ce que tu rapportes à l'organisation. » Les bandes filles, elles, prêtent beaucoup plus attention aux capitaux humain, social et symbolique.

La plupart des dominés cherchent à conclure des alliances avec les dominants afin de profiter des contacts, des relations influentes de ces derniers. Au fil du temps, certaines bandes ont forgé des alliances avec des organisations criminelles et sont ainsi parvenues à se maintenir sur l'échiquier du marché de la drogue ou encore à augmenter la force de leur groupe. Parmi elles, les *Crips* et les *Bloods,* qui ont réussi à s'allier aux motards. Il est évident que sans leur alliance avec les *Rock Machines* (actuellement appelés les *Bandidos),* les *Bo-Gars* n'auraient pas pu survivre à la guerre qui les a opposés aux *CDP* dans les années 90. Dans ces années-là, les bandes étaient peu organisées et peu structurées. Mais grâce aux alliances qu'elles ont contractées avec les organisations criminelles, elles sont devenues des groupes beaucoup plus importants sur le marché illicite. Non seulement elles ont appris beaucoup de choses en se rapprochant de ces groupes d'adultes, mais elles ont su exploiter leurs acquis pour mettre au point leurs techniques d'opération, multiplier leurs contacts, se faire une réputation, développer leurs réseaux, etc. Les *Crips* ont maintenant des commerces légaux, grâce auxquels ils peuvent blanchir l'argent sale. Ils ont des bars de danseuses et brassent des millions de dollars. Ils ne sont plus des enfants de cœur et peuvent se payer sans difficulté des villas et des voitures de luxe. Sommes-nous encore en présence de bandes de jeunes ou sommes-nous désormais face à du crime organisé ?

Quand on étudie ce milieu, il est souvent difficile de tracer la frontière entre les contacts « professionnels » et amicaux, puisque fréquemment, les collègues de « travail » sont des amis proches ou des amis d'enfance. De plus, des connaissances peuvent, avec le temps, devenir des amis proches. Et les lieux de travail sont aussi des lieux pour « tripper ». Un jeune peut, par exemple, entrer dans une bande sur la recommandation d'un oncle, d'un grand frère, et établir des relations de copinage avec ses collègues de « travail », qui deviendront progressivement des amis. De ce fait, il passera ses moments de loisir avec les membres de la bande, qui prendront de plus en plus de place dans son existence. Les membres de la bande seraient donc constamment ensemble, tant pour « travailler » que pour se distraire, et finiraient ainsi par former une famille. En somme, dans une bande, les relations professionnelles et personnelles concernent souvent les mêmes personnes. Les amis des amis deviennent des amis et, dans cette union des amis, tous contribuent au renforcement du groupe, chacun voulant prendre sa part du gâteau. Chez les adultes, le jeu est beaucoup plus dur, puisqu'on ne mélange pas les affaires et l'amitié. Dans le monde du crime organisé et des bandes mères, il n'y a pas d'amis… il n'y a que des alliés ou des ennemis, et très peu de personnes à qui l'on peut faire confiance, tandis que chez les mineurs, l'amitié est encore importante. Mais quels que soient l'âge de ses membres et le degré de structure du groupe, la famille reste un élément important de l'organisation. On se fie davantage à un membre de la famille qu'à n'importe quelle autre personne, et les leaders préfèrent passer le flambeau à un membre de leur famille. Prenons pour exemple les frères Zéphir : malgré l'arrestation de l'un des leurs, ils maintiennent encore leur bande sous la direction familiale.

Les contacts des membres d'une bande sont une question de temps, mais aussi de rôles dans le groupe et de « professions ». Autrement dit, un jeune qui occupe plusieurs « postes » dans une même bande devra se faire des relations dans différents milieux pour pouvoir accomplir ses tâches. Il deviendra donc très polyvalent, ce qui contribuera à son avancement dans la bande et, surtout, au fait qu'il deviendra indispensable. De la même manière, plus un mineur s'engagera dans des activités déviantes, plus il aura de possibilités de tisser des liens avec des adultes déviants. Et plus il aura des relations avec des adultes du milieu criminel, plus il s'engagera dans des activités illicites de grande envergure. L'intégration des mineurs dans le milieu dépend inévitablement des relations qu'ils nouent avec des adultes bien ancrés dans le marché illicite.

Les membres de bandes ont des contacts diversifiés. Des bandes mères aux bandes bébés, les jeunes entretiennent des relations aussi bien avec des personnes œuvrant dans le marché illicite qu'avec des personnes œuvrant dans le marché licite. La différence entre les types de bandes n'est pas en rapport avec le nombre ou la diversité des contacts, mais plutôt avec leur importance, leur poids, leur influence. Les contacts influents permettent d'obtenir des avantages considérables et significatifs, notamment sur les plans économique, juridique et symbolique. On peut classer dans cette catégorie les acteurs du milieu politique, du monde des affaires et du milieu juridique, mais aussi les membres des organisations criminelles. Ce genre de «connexions» semble se trouver davantage dans les carnets d'adresses des adultes que dans ceux des mineurs, même si des adultes passeraient de temps à autre par les enfants d'acteurs influents pour traiter certaines affaires. La majorité des personnes influentes étant des adultes, les mineurs ont de la difficulté à établir des relations avec ce genre de personnes. Pour y parvenir, ils doivent en général passer par l'intermédiaire d'adultes impliqués ou non dans le marché illicite et ayant des relations avec certains de ces acteurs de poids. Ce qui ne veut pas dire qu'un mineur ne puisse pas mettre en rapport un autre mineur, ou même un adulte, avec une personne importante avec qui il entretient des relations. Selon un membre de bande, «il faut toujours commencer avec la pire des carcasses pour arriver à quelque chose de bon», à moins d'avoir une famille bien connectée. Autrement dit, quand on n'a pas de forts capitaux sur les plans économique, social et symbolique, on doit commencer par tisser des liens avec des personnes peu importantes pour pouvoir arriver un jour à en tisser avec des personnes influentes. Le travail acharné sur le terrain contribuerait à la création d'un réseau intéressant, par l'effet boule de neige. En conclusion, il existe plusieurs cas de figure, mais la plupart du temps, à l'image de celles observées dans la société québécoise en général, les relations se nouent en fonction de critères générationnels et socioéconomiques.

Les clients

La clientèle est le gagne-pain des acteurs du marché illicite. Sans les consommateurs, il n'y aurait pas de commerce possible. Les clients sont donc la source des revenus, mais peuvent aussi devenir des intermédiaires pour les membres de bande désireux d'entrer en relation avec des personnes influentes. Apparemment, la drogue, comme les rapports sexuels, permettrait d'obtenir tout ce qu'on veut. Tant et si bien que des clients peuvent devenir des informateurs pour certaines bandes dominantes (cherchant à avoir des informations relatives aux descentes de police, par exemple), des contacts à l'interne travaillant, entre autres, pour des institutions gouvernementales, bref, d'excellents contacts, ce qu'on appelle dans le milieu criminel des «plogues». De plus, certains clients fortunés investissent dans le marché illicite, soit dans l'achat de drogue, en procurant de l'argent, soit dans la fraude, en fournissant des cartes de crédit, des chèques de société ou des cartes de débit, voire les trois à la fois.

Les consommateurs de produits illicites proviennent de toutes les classes sociales et de tous les milieux. Ils peuvent être aussi bien des personnes haut placées que des personnes ordinaires rencontrées dans la rue, aussi bien du monde des affaires ou du spectacle que du milieu juridique ou politique… Les membres des bandes font des affaires tant avec des clients ayant des activités licites qu'avec des clients impliqués dans des activités illicites. Les petits dealers, les gros fournisseurs, les grossistes, etc., sont tous les clients de bandes dominantes ou d'organisations criminelles. Qu'il s'agisse du trafic de drogue ou de femmes, la clientèle, issue d'une société soi-disant constituée d'honnêtes gens, alimente un marché illicite dominé par le crime organisé et des bandes de plus en plus structurées. Sans parler du fait que les membres de ces groupes possèdent aussi un grand nombre de commerces (restaurants, bars, clubs, etc.) et d'entreprises licites, sources d'un autre genre de criminalité.

Les lieux de socialisation : des endroits propices à la découverte de contacts

Les lieux de socialisation sont d'une grande importance pour les bandes, dans le sens où ils sont propices à la découverte des contacts grâce auxquels elles peuvent créer leurs réseaux. Très souvent, les mineurs rencontrent les adultes dans les bars, les clubs, les fêtes privées… bref, des endroits dont l'accès leur est généralement interdit. Dans la création d'un réseau, le temps est aussi un élément capital, car c'est à force de fréquenter telles personnes dans tels lieux de socialisation que les relations prennent un tour plus «professionnel». Dans les lieux de socialisation, les novices rencontrent inévitablement les experts. Pour les membres des bandes, ces lieux sont aussi divers que multiples. Certains sont plutôt réservés aux mineurs, d'autres, aux adultes. En fait, il existe essentiellement trois types de lieux de socialisation, si l'on fait abstraction des lieux de détention, qui demeurent aussi d'une grande importance puisqu'ils sont en soi une école du crime : les espaces publics réservés aux mineurs, les espaces publics intermédiaires et les espaces publics réservés aux adultes. Toutefois, quels que soient les endroits, nous avons constaté que les intrusions n'étaient pas rares.

Les espaces publics réservés aux mineurs, donc où les adultes n'ont pas le droit d'entrer, sont peu nombreux et sous le contrôle des adultes. Ce sont les écoles, les centres communautaires pour les jeunes, les maisons de jeunes, les endroits où se déroulent les fêtes organisées pour les mineurs, etc. Les membres des bandes, surtout les mineurs, utilisent ces lieux non seulement pour se faire des relations, mais aussi pour conclure des ententes commerciales, tout en participant à des activités ludiques. Pourquoi ne pas joindre l'utile à l'agréable ? Les membres d'une bande peuvent, par exemple, profiter d'une fête organisée pour les jeunes pour régler leurs différends avec d'autres bandes, réaliser des alliances ou conclure des ententes commerciales.

Les espaces publics intermédiaires sont des lieux où se retrouvent les mineurs et les adultes, pour participer ensemble à des activités ludiques, mais également pour établir des ententes commerciales et nouer des liens. Ces endroits sont beaucoup plus nombreux que ceux réservés aux mineurs : la rue ou le territoire dans son ensemble, les arcades, les centres et les terrains de sport, les restaurants, les hôtels, les raves, les parcs, les métros, etc. Le territoire est le principal endroit où les vendeurs entrent en relation avec les clients, mineurs ou adultes, mais aussi avec les concurrents. À certains moments, les territoires sont donc des champs de batailles physiques et économiques, surtout ceux du centre-ville de Montréal.

Les espaces publics réservés aux adultes sont des endroits interdits aux moins de 18 ans, comme les clubs, les bars, les fêtes privées VIP organisées par des adultes, etc. Ils sont normalement interdits aux mineurs, mais il semble que les mineurs impliqués dans le commerce illicite, dont les membres de bandes, ne soient pas touchés par cette règle. En fait, les adultes œuvrant dans le marché illicite incitent plutôt les mineurs à fréquenter ces lieux. Ces jeunes obtiennent donc des passe-droits pour assister aux fêtes privées ou aux beuveries et entrer sans problème dans les bars, les clubs de danseuses, les clubs privés, etc. Ce sont des adolescents dont les pièces d'identité sont falsifiées ou ne sont pas vérifiées, car ils sont « de la maison ». Or, plus un mineur fréquente des adultes du milieu criminel, plus il s'intègre facilement et rapidement dans le marché illicite. Et plus il est en contact avec des hommes et des femmes du milieu des bars et des clubs, plus il vit la nuit, donc plus il rencontre des gens impliqués dans le trafic de drogue, dans le trafic de femmes et dans des affaires frauduleuses. Les espaces strictement réservés aux adultes ou aux mineurs tendent à disparaître, car les incursions de part et d'autre contribuent à la transformation de ces lieux en des espaces intermédiaires.

Les lieux de rencontre sont donc propices à la création de liens pouvant être utiles aussi bien pour les activités professionnelles que pour les activités ludiques. Toutefois, il ne suffit pas de fréquenter certains endroits pour se faire des relations. Il faut aussi posséder certaines « techniques » de communication : il faut être jovial, charismatique et sociable ; il faut avoir l'air sympathique, sérieux et intéressant ; il faut savoir être discret et ne pas se montrer trop curieux. Il ne faut pas poser trop de questions ni se faire remarquer, et il faut devenir un habitué de la place. Autrement dit, il faut être capable de créer des liens de confiance avec les membres de l'entourage immédiat et les autres habitués. De plus, pour pouvoir trouver des contacts influents, il faut au préalable être introduit par des personnes influentes. Certains lieux chics sont des terrains plus favorables pour rencontrer des gens influents de la société générale ou du marché illicite, tous aimant fréquenter les mêmes hôtels de luxe et les restaurants huppés. Nous vivons dans une société où les apparences et l'image comptent énormément, et les membres des bandes savent très bien qu'ils ne dénicheront pas des contacts influents dans les ghettos mais plutôt dans les endroits riches. Et que s'ils veulent recruter des vendeurs de rue, ils n'auront qu'à se balader sur leur territoire. En somme, chaque lieu de socialisation est propice pour rencontrer certaines catégories de personnes, qui pourront éventuellement jouer un rôle pour la bande.

Les espaces privés «professionnels» sont les endroits où les acteurs se retrouvent pour parler des affaires, mais aussi du fonctionnement interne de leur groupe. Ces réunions regroupent généralement les «gestionnaires» des groupes, comme les membres des noyaux centraux des bandes. Lors de ces rassemblements se retrouvent des membres présentant une forte homogénéité, compte tenu que les positions de pouvoir font l'objet d'un certain protectionnisme. Le pouvoir décisionnel est donc l'apanage d'une poignée d'individus qui font en sorte de préserver la succession des pouvoirs. Durant ces réunions, les membres discutent de gérance, de l'avancement de certains membres ou de leur élimination et établissent le bilan financier de la bande. Pour certaines bandes, ces réunions se terminent par de grandes fêtes ou des partouzes, et permettent ainsi aux membres de renforcer leurs liens de solidarité.

En conclusion, les contacts avec différentes personnes permettent d'acquérir davantage de ressources économiques, car ils favorisent notamment la rencontre de futurs partenaires de travail et de personnes influentes dans différents milieux de la société. Les membres de bandes tendent à rechercher des contacts pouvant leur apporter des avantages à long terme et de divers ordres. Grâce à leurs amis influents, les membres de bandes peuvent, entre autres, bénéficier d'une bonne protection contre les concurrents et la police. Les bandes mères, par exemple, veillent à la protection de leurs bandes filles, qui font de même avec leurs bandes bébés. On ne touche pas aux membres de la famille. Cependant, le capital social ne contribue pas seulement à l'obtention d'avantages, il cause parfois des ennuis: une arrestation ou une agression. C'est un couteau à double tranchant, puisque plus un individu connaît de personnes impliquées dans le marché illicite, plus il risque d'attirer l'attention des policiers sur ses activités. La fréquentation de personnes influentes du milieu criminel comporte un risque de se retrouver sous enquête beaucoup plus grand que la fréquentation de petits dealers. Quant à l'adhésion officielle à une bande ou à une organisation criminelle, elle augmente également le risque d'être repéré par les forces de police, mais aussi celui de l'être par les groupes adverses, donc de se faire attaquer par ces groupes. En somme, «plus [un individu] connaît du monde, plus ça devient risqué pour lui».

La circulation des informations

Les informations sont une denrée très précieuse pour assurer le bon fonctionnement d'une société, d'une organisation ou d'un groupe. Il est donc évident qu'elles le sont aussi pour assurer celui d'une bande. Les informations sont une source de pouvoir. En fait, celui qui détient des informations importantes devient une personne respectée dans le groupe, puisqu'elle contribue non seulement à l'accumulation des richesses, mais aussi à la protection des membres.

Dans le milieu criminel, le téléphone arabe semble être le mode de communication privilégié et le plus efficace. Contrairement aux sociétés légales, les organisations illicites ne peuvent faire de publicité dans les médias pour mettre en valeur et vendre leurs produits. La publicisation des marchandises, des vendeurs et des points de vente passe par le «bouche à oreille». Ce mode de communication semble très efficace, puisqu'en peu de temps, les vendeurs et les points de vente d'un territoire sont connus des clients.

La réussite d'un vendeur dépend de la qualité de ses produits, de sa flexibilité quant au paiement et de la compétitivité de ses prix.

Un bon vendeur peut fidéliser sa clientèle et même la grossir en assurant un service de livraison rapide. Par conséquent, les détaillants se munissent de téléavertisseurs (pagettes) pour que leurs clients puissent les joindre en tout temps. Cet appareil est préféré au cellulaire, car non seulement les ondes cellulaires sont facilement captées par la police, mais les vendeurs n'aiment pas laisser leur numéro de cellulaire à des clients. Le téléavertisseur et la cabine téléphonique sont considérés comme plus pratiques et plus discrets.

Les membres de bandes communiquent entre eux en se servant de toutes sortes d'outils technologiques, tels que le cellulaire et l'Internet. L'Internet est devenu le moyen le plus communément utilisé pour conclure des ententes commerciales internationales et même nationales. Les adultes impliqués dans certaines bandes et les organisations criminelles privilégient ce moyen de communication, tandis que les mineurs l'utilisent plutôt pour des activités ludiques ou des attaques virtuelles, qui consistent, par exemple, à envoyer des virus dans les ordinateurs des bandes adverses. D'ailleurs, ces membres de bandes peuvent aussi communiquer avec d'autres groupes sur des réseaux de clavardage (*chatting*).

Les individus qui gravitent dans les hautes sphères ont accès à des informations confidentielles. Par conséquent, ils sont surveillés, voire en danger. Dans le milieu criminel, les personnes détenant des informations importantes sont, pour la plupart, dans les instances décisionnelles ou proches de ces instances. Les membres de bande qui occupent des postes élevés ont donc accès à des informations importantes, puisqu'ils assistent aux réunions privées et participent aux prises de décision de la bande. De ce fait, les membres appartenant aux bandes mères sont davantage renseignés sur les questions concernant la famille que ceux des bandes filles ou bébés. Et les informations transmises par un membre du noyau central d'une bande mère sont plus précises et plus sûres que celles transmises par un autre membre de la bande. Autrement dit, une information sur la famille des *Crips* sera plus précise si elle est fournie par les *Syndicats* ou les *CDP* que par un membre des *MOB* ou des 67. Il est capital de bien faire la différence entre une information crédible et une information précise. La crédibilité d'un témoin ou d'un informateur, quel que soit son statut dans une bande, ne dépend pas de la bande dans laquelle il est impliqué, mais plutôt de sa personne. La précision des informations qu'il donne est liée à son statut dans la bande, statut qui lui permet d'avoir accès à certaines informations, mais pas à d'autres. Les informations relatives à la famille et aux stratégies annuelles adoptées par celle-ci sont souvent détenues par quelques membres, généralement des adultes, appartenant aux bandes mères.

À de grandes responsabilités correspondent de grands dangers. Un membre du conseil exécutif d'une bande ou de la direction d'une organisation criminelle aura bien des difficultés à quitter son groupe, puisqu'il est supposé savoir beaucoup de choses importantes. Toutefois, s'il s'agit d'une bande bébé, les obstacles seront bien moins considérables que s'il s'agit d'une bande mère ou d'une organisation criminelle. En fait, plus un individu grimpe les échelons dans un groupe dominant, plus il est difficile pour lui de prendre sa retraite avant terme. Et moins un individu en sait, moins il risquera de se faire tuer s'il quitte son groupe. À moins d'une entente à l'amiable ou d'une réputation solide, un membre est lié à son groupe jusqu'à sa mort. En outre, nul ne peut entrer dans une bande majeure sans être recommandé par un ancien, parrainé en quelque sorte. Le parrain initie son poulain aux us et coutumes de la bande et démontre ainsi aux autres la confiance qu'il a en ce jeune, voire l'intégrité de ce jeune. De plus, il est le garant du nouveau. Si le poulain commet une trahison, non seulement il le paiera de sa vie, mais il mettra la vie de son parrain en danger. Quoi qu'il en soit, le candidat sera accepté en fonction de l'état de service de son «parrain», mais il devra par la suite faire ses preuves et démontrer sa fidélité à la bande. Cette épée de Damoclès qu'est la détention d'informations importantes est un élément pouvant expliquer le peu d'impact des programmes de prévention auprès de certaines catégories de groupes, telles que les bandes mères ou les organisations criminelles. En fait, nous doutons fort de leur efficacité auprès des membres des bandes majeures (mères et intermédiaires). Car un jeune qui souhaiterait quitter la bande, par exemple, risquerait de se retrouver dans la ligne de mire des autres et serait rapidement identifié comme un informateur, « un stooler » ; il mettrait ainsi en péril sa propre vie, parfois même celle des membres de sa famille. En définitive, chaque individu est responsable de l'information qui lui est transmise dans l'exercice de ses fonctions et doit la garder secrète au péril de son existence.

En ce qui concerne les femmes, on constate que ces dernières peuvent avoir accès à certaines informations importantes compte tenu des relations intimes entretenues avec certains dirigeants, mais de façon générale, elles sont maintenues à distance des postes de pouvoir et des discussions sérieuses. Les jeunes expliquent cette mise à distance par le besoin d'éviter la diffusion de l'information (manque de confiance en la capacité de confidentialité des femmes) et d'assurer la protection de ces femmes qui pourraient être utilisées comme des cibles par les concurrents. Un monde d'hommes où les femmes ne sont que des potiches. Les amies de cœur et les amies qui ne sont pas forcément impliquées dans le marché illicite, ou encore la famille, sont tenues dans l'ignorance totale des activités. En fait, une bonne partie des membres de bandes mènent une double vie, afin de protéger leur famille des représailles, et très souvent les parents découvrent la délinquance de leur enfant quand la police débarque à la maison, que celui-ci se retrouve en état d'arrestation ou encore qu'il est décédé.

IMAGE ET IDENTITÉ

Les nouveaux membres se préoccupent surtout et avant tout de faire leur place, de se forger une réputation, une image, tandis que les anciens sont davantage obsédés par les moyens de gagner de plus en plus d'argent. « Faire sa place », « être les plus forts », « faire peur », etc., nous paraît être l'objectif commun des mineurs, tandis que les adultes pensent seulement à « faire un maximum d'argent », à contrôler le marché. Construire son image, sa réputation est la première étape à franchir avant d'espérer avoir sa part du marché. Les mineurs veulent être les plus craints, les plus forts, etc., afin d'être recrutés par les adultes et faire ainsi partie des gagnants, de ceux qui ont réussi dans le commerce illicite. Actuellement, les *Crips* et les *Bloods* ne sont plus au stade de la construction de l'image, puisque ces familles sont parmi les plus craintes à Montréal. Elles vendent même leur nom comme une marque de commerce à d'autres groupes moins connus ou en négocient le droit d'utilisation. Par exemple, certaines bandes constituées de jeunes arabophones, du secteur Bordeaux-Cartierville et Côte-Vertu, se seraient affiliées à la famille des bleus (les *Crips*) et porteraient donc leur nom. La réputation est un élément important pour l'acquisition de biens et de services.

L'obsession de « faire sa place »

Tous les membres de bandes, sans exception, accordent une grande importance au principe de «faire sa place», de construire sa réputation. Une bonne réputation permet non seulement d'acquérir des ressources économiques, grâce à l'obtention de délais pour le paiement des marchandises, par exemple, mais aussi de bénéficier du respect et de la protection associés au «rang» qu'on occupe. Certaines personnes peuvent hériter de la réputation de leur famille ou de leur groupe (organisation criminelle ou bande) ou encore se forger une réputation en démontrant qu'elles possèdent les qualités recherchées dans le milieu criminel, comme le courage, l'intelligence, la force physique, le sens de l'honneur, l'honnêteté, la détermination, etc. Par exemple, avoir la réputation d'être courageux et une « tête brûlée» contribue à se faire craindre des autres. Et avoir une famille «Corleone» derrière soi permet d'ouvrir un grand nombre de portes commerciales et de susciter la peur. Dans le marché illicite, c'est le règne de la terreur. Les dominants sont ceux qui réussissent à établir un climat de peur, mais aussi le chantage économique et le contrôle des produits. Que ce monde ressemble étrangement au nôtre, où la loi du plus fort est toujours la meilleure !

Un jeune peut se faire accepter dans une bande grâce à la réputation d'un membre de sa famille, et ce, même si cette personne-là n'appartient plus au groupe. Par exemple, la mort héroïque d'un membre peut favoriser l'intégration d'une ou de plusieurs personnes de sa famille dans la bande. Le membre décédé est alors considéré comme un martyr, et les membres de sa famille ainsi que ses héritiers bénéficieront de privilèges, en ce qui a trait à l'intégration dans la bande mais aussi à la protection, entre autres. Certaines organisations criminelles très riches offrent même une rente pour la veuve et les orphelins. La bravoure et le sacrifice de la vie ajoutent au respect du groupe envers le défunt et sa famille.

La recommandation d'un parent permettra donc à un acteur de gravir plus rapidement les échelons d'une bande ou de pénétrer plus facilement dans une bande d'un rang supérieur. Ce genre d'appui est encore plus efficace quand le parent en question est bien placé dans le groupe et jouit d'une bonne réputation. En fait, la bonne réputation familiale peut permettre à un acteur de démarrer sa propre affaire ou de créer sa propre bande, car, grâce à elle, il obtiendra beaucoup plus facilement des prêts et l'autorisation de travailler sur tel ou tel territoire. Et si la famille de cet acteur est de surcroît réputée dangereuse ou alliée à des groupes influents, il sera protégé par… cette réputation.

Toutes les organisations criminelles et toutes les bandes de jeunes prêtent grande attention à la réputation de leur groupe. Cette réputation groupale favorise la domination des uns par rapport aux autres et constitue une arme pour lutter contre la concurrence. Devenir le groupe le plus craint et le plus fort compte parmi les objectifs essentiels, car la réputation contribue indirectement à l'enrichissement du groupe. En somme, une bande de jeunes qui réussit à créer un climat de peur par sa seule présence élimine la concurrence sans gros efforts ni grosses bagarres, ce qui est d'autant plus appréciable que les conflits ne sont pas très bons pour les affaires. Elle peut même aller jusqu'à faire de son nom une marque de commerce signifiant «Attention! danger» et la donner en «franchise» à d'autres bandes. On voit, par exemple, des *Crips* d'origine chinoise ou arabe sur des territoires n'appartenant pas originellement aux *Crips* antillais. On en conclut qu'il s'agit là d'une espèce d'appropriation du nom *Crips,* comme si ce nom était une marque de commerce prestigieuse.

Les membres impliqués dans un groupe bénéficient donc de la réputation du groupe tout en participant au maintien ou au renforcement de cette réputation. Aussi est-il de leur devoir de se battre pour le bien commun. À l'instar des soldats qui partent à la guerre pour leur patrie, ils combattent pour la renommée, pour la bande, pour les frères. Par ailleurs, la réputation de chacun faisant partie intégrante de la réputation du groupe, la mauvaise réputation d'un membre peut entacher celle du groupe, d'où les codes et les règles de régie interne. Comme les adultes, les mineurs sont mis à contribution dans la construction de l'image, de la réputation du groupe. D'ailleurs, l'importance de l'image est grandement exploitée par les adultes qui les utilisent, entre autres, comme soldats et hommes de main. Ces mineurs doivent donc faire leurs preuves, construire leur propre image s'ils souhaitent être un jour remarqués par ces adultes pour que ceux-ci les introduisent dans des groupes plus organisés (une bande mère, une organisation criminelle, une clique mafieuse, etc.). Tous ces jeunes ne rêvent que d'une chose: devenir des gangsters respectés et craints. Devenir des motards ou des membres des *CDP* ou des *Syndicats*. Autrement dit, ils espèrent qu'en appartenant à des organisations plus fortes, ils pourront prendre une plus grosse part du marché.

Quel que soit le message sous-jacent, il est important de se demander qui véhicule la réputation de tel ou tel groupe, qui sont les porteurs, les diffuseurs. Car comment une réputation pourrait-elle voir le jour s'il n'existait pas de porteurs ayant une certaine crédibilité aux yeux des personnes du milieu criminel? Là encore, il est intéressant de constater que ces porteurs ne diffèrent guère de ceux de la société générale, puisque les diffuseurs les plus importants et les plus crédibles sont les journalistes, de la presse écrite, de la radio et de la télévision. Selon Sam (18 ans), «c'était marqué dans les journaux: les gangs de rue sont plus criminalisés que les motards. On s'était battus pour ça, pour cette réputation, pour prendre notre place. On cherche à faire du trouble, à impressionner le monde. On cherchait la bagarre juste pour qu'on nous remarque. C'est important de faire ton nom». En somme, lorsqu'une bande de jeunes fait la une des médias, sa réputation prend par la même occasion une grande envolée. Toutefois, la médiatisation peut aussi comporter son lot d'inconvénients, puisque être connu implique nécessairement qu'on est plus en vue, donc plus facilement repérable par les forces de police. Les bandes voulant bâtir ou asseoir leur réputation ne voient aucun inconvénient à ce que les médias étalent leurs méfaits. Au contraire, elles cherchent à faire sensation en déclenchant des guerres ou en participant à des purges internes. Pour leur part, les organisations criminelles préfèrent souvent la discrétion au tapage. Parmi elles, les mafias sont assez secrètes et sournoises, tandis que les bandes et les motards sont excessivement bruyants. La popularité est donc un couteau à double tranchant.

Les diffuseurs de réputations ne sont pas seulement les médias. Par le téléphone arabe, les exploits et les atrocités des bandes sont rapportés par les acteurs du marché illicite, notamment les femmes. Celles-ci contribuent à la construction de la réputation des membres de bandes, car elles sont en contact avec les membres d'autres bandes sur les autres territoires. Il y aurait une espèce de roulement de filles sur les territoires. Tout le monde couche avec tout le monde, et pour aller voir des filles, les jeunes membres de bandes pénètrent parfois dans des quartiers ne faisant pas partie de leur territoire. Outre les femmes et les médias, la police facilite elle aussi la construction de la réputation des bandes. Faire l'objet de surveillance ou d'arrestation par la police, ce ne serait pas très bon pour les affaires, mais cela influerait sur la façon dont les concurrents perçoivent un groupe quant à son importance. Rien n'est vraiment noir ou blanc dans ce milieu, comme dans la société en général, d'ailleurs.

Les modèles de référence

Les propos des membres de bandes montréalaises que nous avons rencontrés traduisent tous un rejet des politiques et des structures gouvernementales. Quelles que soient leur classe sociale et leur appartenance ethnique, religieuse, groupale, etc., ces jeunes rejettent le « système », parce qu'ils l'estiment corrompu et non fonctionnel. Ce ne sont pas les valeurs de la société générale qu'ils mettent en cause, mais plutôt les institutions de contrôle social. D'ailleurs, ces jeunes adhèrent à la grande majorité des valeurs sociales. Seulement, ils ne font pas confiance aux gouvernements et ne leur reconnaissent pas le droit de décider de ce qui est bon et de ce qui ne l'est pas, de ce qui est légal et de ce qui est illégal, puisque eux-mêmes mangent aussi le pain de la criminalité. Désenchantés, ils préfèrent s'investir dans le marché illicite, qui leur semble plus juste, plus accessible du point de vue économique et moins hypocrite. Ils s'interrogent en effet sur l'illégalité réelle du commerce illicite : si ce commerce mérite vraiment d'être interdit, comment cela se fait-il que des adultes « respectables » en tirent des bénéfices ?

Des politiciens corrompus, des policiers véreux, des hommes d'affaires malhonnêtes... les jeunes membres de bandes n'ont pas de modèles de référence « respectables ». Rejetant ceux proposés par la société générale, ils valorisent les hors-la-loi, les Al Capone de ce monde, Mom Boucher et Gregory Wooley. Mineurs et adultes idolâtrent les hommes forts, les bagarreurs, les guerriers. Les célébrités du milieu criminel sont les idoles des jeunes, surtout les grands noms de la mafia italienne, qu'ils associent aux héros de films comme *Le Parrain* et *Scarface* ou encore à Vito Rizzuto et à Cotroni. Sans oublier les *Hells Angels,* ni les rois du rap du style « gangsters » comme 2Pac, ni les « rasta man ». Alors ces jeunes se parent d'or, de bijoux en argent, de vêtements signés Nike, Tommy, Versace, etc. Rien n'est trop beau ni trop cher pour ressembler à la vedette de rap ou à un membre des Corleone.

Les membres de gangs des années 80-90 sont encore vénérés et adulés. Ils sont vus comme des hommes d'honneur (les anciens) qui n'avaient pas beaucoup d'argent, mais qui se battaient pour leur quartier et protégeaient la population. Des hommes qui commettaient des délits, mais qui redistribuaient la richesse dans la communauté. Mais ces valeurs relatives au partage et à la solidarité se sont effritées, au profit de l'individualisme et de la rentabilité par tous les moyens. La mondialisation et le capitalisme l'ont emporté sur les valeurs traditionnelles de partage. Petit à petit, l'argent a pris toute la place, a tout changé, y compris le visage des bandes de rue, qui ont suivi le mouvement dès le début des années 90. Ce changement de mentalité s'explique principalement par les incarcérations, un grand nombre de membres de bandes de rue s'étant retrouvés dans des pénitenciers et des prisons, où ils ont appris des trucs pour améliorer leurs activités et noué des relations avec des personnes expérimentées et bien impliquées dans le milieu criminel. Il s'explique aussi par le fait que les bandes ont su étendre leurs réseaux de contacts aux niveaux national et international, en contractant des alliances commerciales et fraternelles avec des membres influents de plusieurs organisations criminelles, comme les motards et les mafias italienne, russe, colombienne, libanaise, chinoise, etc.

Les territoires : des sources de revenus et d'identité

Chaque bande, chaque organisation criminelle a ses territoires, ses lieux de vente pour la distribution des produits illicites (drogues, prostitution, etc.), lieux très souvent conquis par des luttes et des guerres meurtrières. Sur ces territoires, le commerce est dicté par les règles du capitalisme et du libre marché. Le monopole de la distribution en gros n'est guère menacé par la concurrence, puisque c'est le grossiste qui détermine les règles du marché sur les territoires ciblés. La véritable concurrence se situe uniquement dans le domaine de la vente au détail. Le plus grand nombre de grossistes permet aux détaillants de bénéficier d'une plus grande flexibilité d'achat. Ce genre de situation ne se retrouve que sur des territoires spécifiques, où les organisations criminelles et les bandes de rue ont établi leur dictature.

Certains territoires sont considérés comme des «zones libres». Une zone libre peut être un secteur, un groupe de rues, un quartier, un parc, un terrain vacant… où agissent et interagissent quelques gros fournisseurs. Là, plusieurs groupes criminels se partagent le marché illicite par l'intermédiaire de différents grossistes. Aucun n'a le monopole de la vente des produits, et le marché est ouvert à la concurrence. Nous pouvons citer en exemples quelques territoires que nous avons pu répertorier : Saint-Laurent, Bordeaux-Cartierville, Côte-Vertu, Westmount et Chomedey.

Les grossistes des «zones libres» travaillent, pour la plupart, en solitaire ou en cliques mafieuses. Peu de bandes dominantes résident dans ce genre de territoires, et celles qui y sont cohabitent avec les autres groupes. La grande majorité des bandes existant dans les zones libres sont liées à un ou à plusieurs grossistes ayant eux-mêmes des liens directs ou indirects avec des organisations criminelles. La distribution des marchandises s'effectue des grossistes aux détaillants en passant par maints intermédiaires.

Les zones libres semblent plutôt dominées par des grossistes indépendants qui créent leurs propres cliques. La plupart de ces grossistes sont des adultes, qui mettent à contribution les mineurs enrôlés dans leurs petites cliques mafieuses. Comme la plupart des organisations criminelles, ces cliques recrutent surtout en fonction des liens du sang ou des solides amitiés. D'autant plus que certains groupes ethniques, tels que les Libanais et les Italiens, ne privilégient pas le travail en bande. D'ailleurs, certaines cliques sont constituées de jeunes d'origines diverses (des Libanais, des Arméniens, des Syriens, des Jordaniens, des Grecs, des Québécois dits «de souche» et des Palestiniens, par exemple) et qui sont essentiellement des amis d'enfance. Les cliques comprennent des grossistes indépendants, des détaillants et des spécialistes dans divers domaines, notamment celui de la fraude (cartes de crédit, passeports, etc.). Chaque acteur travaille en solitaire mais en réseau. En d'autres termes, les membres de ces cliques n'agissent pas en groupe, mais ils veillent à se fournir mutuellement les marchandises et les informations commerciales (entre autres, sur les clients et les fournisseurs).

Quels que soient les territoires observés, la suprématie des organisations criminelles dans le marché illicite ne fait aucun doute. Les organisations criminelles agissent directement ou indirectement dans les réseaux grâce à un grand nombre d'intermédiaires et de grossistes. Par ailleurs, ces bandes de rue permettent aux organisations criminelles de faire beaucoup d'argent sans prendre de gros risques sur le terrain (où bossent les soldats, les grossistes et les vendeurs) et, dans certains cas, de renouveler leurs effectifs. De la même manière, tous les autres acteurs ou cliques évoluant dans ces réseaux ne peuvent se maintenir dans le marché illicite sans la bénédiction des organisations criminelles, qui tirent encore de gros profits de leurs alliances avec eux. Néanmoins, il arrive parfois que des individus ou de petits groupes décident de travailler sans avoir recours aux organisations criminelles ou aux bandes de rue majeures, en cultivant eux-mêmes du chanvre, par exemple. Cependant, si leur affaire prend de l'ampleur, ces personnes devront choisir entre se retirer du marché, mourir ou bien travailler pour une organisation criminelle ou tout autre groupe dominant.

Le centre-ville de Montréal est un territoire assez particulier, car, bien qu'il soit considéré comme une zone libre pour les bandes de rue, il demeure un territoire où les organisations criminelles ont plusieurs intérêts importants. La neutralité de cette zone s'explique par la multitude de groupes y faisant des affaires ; les bandes ne peuvent donc se prévaloir d'une appartenance territoriale face aux autres groupes et doivent travailler dans ce quartier en tenant compte de leurs alliances respectives, entre autres, avec les organisations criminelles. Ainsi, les bandes de la famille des *Crips* n'iront pas vendre dans une rue ou un club appartenant à des *Bandidos* ou à la mafia italienne. Elles s'en tiendront plutôt aux lieux sous le contrôle des *Hells Angels*. Bref, chaque bande vend dans les rues ou les commerces appartenant à l'organisation criminelle avec laquelle elle fait des affaires.

Pour les membres des gangs de rue, le territoire n'est pas seulement une source de revenus, il constitue aussi un symbole en rapport avec le sentiment d'appartenance au groupe ancré à cet endroit. Il représente le milieu où ces jeunes ont grandi ; il est le lieu de leurs écoles, de leur maison, de leur enfance. Il leur appartient et il fait partie intégrante de leur identité. De ce fait, le respect des frontières territoriales est capital, et toute violation de ces frontières n'est pas uniquement vue comme une perte économique, mais aussi comme un manque de respect envers la bande dominant le territoire. N'importe quel membre d'une bande se doit de défendre le territoire au péril de sa vie, comme le fait un soldat pour défendre son pays.

Dans le jargon des agents de contrôle social, certaines zones territoriales sont même étrangement attribuées à certains groupes ethniques. Tel territoire devient celui de tel groupe ethnique, compte tenu de la surreprésentation des membres de ce groupe en ce lieu et de la présence de bandes dites ethniques. Les jeunes résidant sur des territoires investis par des bandes vont jusqu'à considérer des individus comme plus ou moins dangereux en fonction de l'ethnie à laquelle ils appartiennent. Par exemple, ils estiment les personnes originaires des Antilles, de l'Asie et du Moyen-Orient plus dangereuses que celles originaires de l'Amérique latine ou de l'Europe, ou encore que les Québécois dits « de souche ». Ces préjugés se trouvent confirmés par l'action de certaines bandes majeures qui sèment la terreur dans les territoires sous leur contrôle. D'ailleurs, les forces de police, qu'elles soient fédérales, provinciales ou municipales, et même le SCRS, classent les bandes en fonction d'attributs ethniques. On parle ainsi du dossier antillais (haïtien, jamaïcain), latino ou arabe.

L'argent : une source de pouvoir et d'apparence

Dans le commerce illicite, comme dans tout autre commerce, l'argent appelle l'argent. Autrement dit, les acteurs qui possèdent un bon capital de départ peuvent facilement obtenir des prêts de grosses quantités de produits. Néanmoins, certaines personnes ou certains groupes désargentés peuvent avoir accès à des marchandises sans débourser un sou, grâce à leurs relations influentes ou à leur réputation, à leur nom. Il en est ainsi des bandes de rue ayant des liens avec une organisation criminelle ou une bonne réputation.

Les prêts et les crédits n'ont donc pas cours uniquement dans le marché licite. Toutefois dans le marché illicite, compte tenu de l'absence de contrôle étatique, le remboursement des dettes est soumis aux règles du milieu, qui aboutissent la plupart du temps à des assassinats ou à des voies de fait. Dans ce milieu, on ne peut pas déclarer faillite sans courir le risque de se retrouver à manger les pissenlits par la racine. Par ailleurs, les prêts entraînent une constante dépendance des endettés envers leurs créanciers. De ce fait, certaines bandes de jeunes sont vouées à être éternellement dépendantes d'une bande mère ou d'une organisation criminelle. La dépendance économique contribue également à maintenir des bandes de mineurs dans le prolétariat. Dans ce cas-là, les jeunes travaillent pour des adultes en croyant naïvement qu'ils pourront ainsi faire leurs preuves et se retrouver un jour dans une bande mère ou une organisation criminelle dont les membres sont de la même ethnie qu'eux. Le système consistant à s'assurer de la soumission d'une bande en lui accordant des prêts est aussi utilisé par les bandes filles vis-à-vis des bandes bébés. Résultat: des enfants travaillent pour des adolescents, qui travaillent eux-mêmes pour des adultes. Les gagnants de cette valse capitaliste sont, bien entendu, les adultes des bandes mères et des organisations criminelles. Si, dans certains pays, des entreprises ayant des activités licites exploitent allègrement les enfants, dans les sociétés occidentales, les groupes ayant des activités illicites en font autant. Travail et exploitation des enfants, enfants soldats... le milieu criminel est une réplique cynique de notre monde.

Les règles du commerce illicite ressemblent beaucoup à celles du commerce licite. Les prêts sont accordés à des acteurs ou à des groupes qui démontrent une grande compétitivité ou qui possèdent soit un fort capital économique dès le départ, soit une bonne réputation. Dans ce commerce-là aussi, «on ne prête qu'aux riches». Par conséquent, les acteurs qui ne possèdent pas de ressources économiques ni de ressources symboliques importantes sont contraints de travailler dans le marché licite afin d'avoir un pécule en cas de coup dur. Certaines personnes mènent ainsi une double vie: elles ont une activité professionnelle tout à fait légale et elles se livrent parallèlement au commerce de produits illicites. Cela leur permet non seulement d'acheter de la marchandise illicite, mais aussi, en cas de vol, d'éviter la faillite. Cependant, les jeunes démunis sur les plans pécuniaire et symbolique ne sont pas les seuls à mener une double vie. En effet, il n'est pas rare de voir des «fils à papa» franchir les barrières de la loi pour investir dans le commerce de la drogue ou dans le blanchiment d'argent. De nombreux membres de bandes de rue font des affaires avec des jeunes issus de familles riches et ayant donc la possibilité de leur procurer des chèques d'entreprise, des cartes de crédit, etc., en échange de drogue. Et dans le milieu criminel en général, il est courant de conclure des ententes commerciales avec des adultes du monde des affaires. Par conséquent, la frontière entre ce qui est légal et ce qui ne l'est pas est parfois difficile à définir. Et, malheureusement, la distinction entre les bons et les méchants, entre les gendarmes et les voleurs se limite très souvent à des dichotomies socioéconomiques simplistes ou ethniques, à une séparation entre le fils de riches et le jeune du ghetto, entre le Blanc et le Noir.

Dans le marché illicite, les dominants carburent uniquement à la rentabilité économique et démontrent, en général, très peu d'indulgence en cas de perte. Cependant, il existe des variantes dans le traitement de ce genre de situation. Certains groupes sont plus indulgents que d'autres, surtout lorsque la perte concerne des membres de la famille, des personnes de même appartenance ethnique ou des amis. Par contre, quand un jeune d'une bande fait perdre de l'argent à des motards, il risque de ne pas pouvoir fêter son prochain anniversaire. Dans le milieu criminel, l'argent est le maître incontesté, et la vie ne vaut pas un cent. Difficile de voir de grandes différences entre ce monde et le nôtre... Après tout, il y a des États qui éliminent des populations pour du pétrole !

Dans notre société de consommation, l'argent est devenu un moyen de briller. Et à cet égard, les membres de bandes ne diffèrent guère des autres jeunes : ils sont très dépensiers et vivent leur vie à un rythme effréné. Ils adorent le luxe, les femmes, la drogue et faire la fête. À leurs yeux, toutes les occasions sont bonnes pour « tripper ». Les vêtements de marque (Tommy, Nike, Hugo Boss, Giorgio Armani), les voitures de luxe, les grosses maisons et... pourquoi pas une vie de star ?

Les acteurs du marché illicite ont les mêmes ambitions que la population générale : avoir beaucoup d'argent et un grand pouvoir. Adultes et mineurs dépensent des sommes considérables pour mener un train de vie digne des plus grandes stars. Toutefois, les adultes investissent plutôt dans du « légal » (restaurant, bar, etc.) afin d'assurer leurs vieux jours, tandis que les mineurs dépensent allègrement sans penser aux périodes de disette. Certains groupes investissent plus que d'autres. Les organisations criminelles, par exemple, ont bien plus de commerces légaux que certaines bandes majeures, même si, depuis quelques années, celles-ci achètent de temps à autre des bars, des salons de coiffure et des restaurants. Quelques bandes de rue de la famille des *Crips* et de celle des *Bloods* ont bien compris que l'acquisition de biens légaux leur offrirait certains avantages, entre autres, celui de pouvoir faire danser leurs filles sans passer par les motards. La capacité de faire des affaires à la fois dans le marché licite et dans le marché illicite est un signe de compétitivité et de maturité. D'ailleurs, les bandes qui ne possèdent pas de commerces légaux sont contraintes de conclure des ententes avec les groupes qui en ont pour arriver à vendre de la drogue ou pour faire danser leurs filles.

Dans le milieu criminel, l'argent permet donc de se procurer des marchandises et d'acquérir son indépendance. Autrement dit, l'argent appelle l'argent et le pouvoir. Mais il appelle aussi la protection contre la justice et la concurrence. Les plus fortunés se paient des avocats de gros calibre afin d'utiliser la loi à leur avantage. D'autres s'achètent des armes et des soldats. Et à côté de ces adultes qui se remplissent les poches, il y a toute une jeunesse en perte d'illusions et de repères dans une société qui valorise l'argent et le style de vie des « gens riches et célèbres ». Une jeunesse qui aime la vie nocturne et à cent milles à l'heure, ainsi que l'argent vite fait, vite dépensé dans les clubs, les bars, et avec les filles. Une jeunesse qui vit sous adrénaline, dans la peur de se faire tuer, la peur des arrestations et l'excitation du moment.

Le monde parallèle est à l'image des sociétés capitalistes, où le libre marché fait loi et se trouve sous le contrôle de « grosses multinationales ». L'argent y règne en maître, mais les contacts et les relations demeurent aussi d'une grande importance. Car des relations avec des personnes influentes dépendent l'accès à de nombreux points de vente et la protection contre les risques inhérents au commerce illicite.

Conclusion

Depuis les années 20, le phénomène des bandes de rue a été expliqué de plusieurs façons, à partir, entre autres, des grandes études nord-américaines sur la vie urbaine. Le recrutement, la désaffiliation, les caractéristiques des membres de bandes, la structure interne des bandes et autres sujets connexes ont ainsi été longuement traités. Un bon nombre d'études présentent le phénomène des bandes comme un problème propre à des groupes sociaux apparemment composés de certains «types» de jeunes, en général «carencés» socialement. Ces études ont contribué à la stigmatisation de certains groupes d'individus, en l'occurrence la jeunesse issue de l'immigration, puisqu'elles expliquent la formation des bandes de rue par le manque d'adaptation des jeunes immigrants et le besoin de protection dû aux conflits interethniques. Même si ces auteurs, dont Fagan (1996), nuancent leurs propos relatifs aux bandes actuelles, en avançant qu'elles ne seraient plus basées sur des préoccupations ethniques et de solidarité mais plutôt axées sur le profit, nous remarquons que le phénomène des bandes de jeunes a été ethnicisé et le demeure encore.

Or, non seulement les bandes de jeunes ne sont pas toutes ethniquement homogènes, mais elles sont de plus en plus souvent multiethniques. En outre, l'homogénéité ethnique de certaines bandes semble davantage résulter d'un recrutement en fonction de liens de parenté et de copinage que d'un manque d'adaptation des jeunes issus de l'immigration ou d'un besoin de «solidarité ethnique». En effet, les acteurs tendent à intégrer dans leurs groupes des personnes de leur quartier et de leur âge, des membres de leur famille et leurs meilleurs amis, donc des personnes qui leur ressemblent. Par exemple, les jeunes des bandes de Saint-Michel favorisent le recrutement des habitants du quartier, de leurs parents proches et de leurs amis intimes, parce qu'ils connaissent ces personnes et savent qu'elles ne risquent pas d'être des éléments d'infiltration policière. De plus, un membre de bande peut facilement faire entrer dans son groupe un membre de sa famille ou encore son meilleur ami, même si ce dernier n'est pas de la même origine ethnique que lui. On observe donc toutes sortes de variantes où l'origine ethnique pèse peu dans la balance, mais où d'autres affinités entrent en ligne de compte, notamment les liens du sang et amicaux.

Cependant, plus on se rapproche des postes clés, plus l'homogénéité ethnique est forte. Les liens semblent prendre de plus en plus d'importance, impression que confirme d'ailleurs la reconstruction des réseaux. Selon les répondants, ce phénomène répond à une double nécessité : celle de s'entourer de personnes de confiance en raison de la confidentialité des activités illicites et celle de protéger les postes clés et les acquis afin de pouvoir assurer la pérennité du groupe en les « léguant » aux générations futures, voire aux descendants. Porter un regard différent sur le phénomène des bandes de rue, en partant de la prémisse que l'analyse des relations sociales est indispensable pour comprendre le fonctionnement des bandes, permet de s'apercevoir que les solutions doivent être spécifiques si l'on veut éviter de tomber dans le profilage racial et la discrimination. Les bandes de rue sont très différentes les unes des autres, et leur efficacité criminelle dépend en grande partie des relations qu'elles établissent au fil du temps. Certaines sont plus ancrées que d'autres dans la marginalité et ont su non seulement mettre sur pied des méthodes de travail, mais aussi bâtir des alliances stratégiques. Le fait de considérer les dynamiques relationnelles actuelles, les rapports de force et de pouvoir, ainsi que les liens qu'ont noués et noueront les membres de bandes actuels et futurs, nous a permis de nous interroger, entre autres, sur la manière dont les bandes se formaient, dont elles survivaient et dont leurs membres étaient recrutés. Cela nous a permis d'aller au-delà des explications apportées par les études antérieures, à savoir le besoin d'appartenance, le besoin de protection, l'immigration, la tendance groupale des adolescents et le racisme.

L'étude des liens nous éclaire un peu sur les différentes bandes de rue. Elle nous conduit notamment à saisir que les bandes de jeunes entretenant des relations avec des groupes puissants, tels que des organisations criminelles, sont beaucoup plus enracinées dans le marché illicite que les autres bandes, qui ne sont en fait que des regroupements de jeunes se livrant à des activités illicites de peu d'envergure. Il est fondamental de différencier les bandes dominantes ou majeures des bandes émergentes. Non pas pour s'occuper avant tout des premières ou des secondes, mais pour mettre au point des interventions différentes. À notre avis, les bandes de jeunes ayant des liens avec des organisations criminelles devraient être vues comme semblables à ces organisations. On éviterait ainsi de traiter toutes les bandes de jeunes comme de dangereuses criminelles, ou, à l'inverse, comme des groupes relativement «innocents», de simples expressions des difficultés de la jeunesse, surtout de la jeunesse minoritaire issue de l'immigration et victime de préjugés et de discrimination. Autrement dit, il ne faut pas agir avec les membres de la bande des *Syndicats* de la même manière qu'avec les mineurs de la bande des *NP*.

En effet, les bandes de jeunes qui ont des ententes commerciales avec des organisations criminelles ou sont sous leur tutelle bénéficient des avantages économiques, sociaux et symboliques de ces organisations. Par conséquent, elles s'enrichissent et réussissent à survivre aux aléas de la vie. De plus, une structure interne forte et organisée ainsi qu'une préparation de la relève contribuent à les maintenir sur le marché illicite. Les relations avec des organisations criminelles méritent d'être sérieusement considérées, parce qu'elles facilitent l'acquisition de capitaux et d'un savoir-faire permettant aux bandes de mieux s'organiser, de mieux se structurer en vue d'une plus grande compétitivité sur le marché illicite. D'autant plus que les organisations criminelles ont quasiment le monopole des produits illicites et le contrôle du marché. Elles ne permettent à personne de vendre ou de commercer sans leur aval et punissent sévèrement ceux qui le font sans leur autorisation. Aussi, fortes de leurs capitaux, elles exercent leur suprématie sur les autres groupes, en l'occurrence les bandes de jeunes, jeunes qu'elles utilisent comme soldats, hommes de terrain ou futures recrues.

Il existe également des liens hiérarchiques entre les différentes bandes de rue appartenant à des grandes familles. On ne traite pas de la même manière les membres des bandes mères et les membres des bandes filles et bébés. Les bandes mères sont essentiellement constituées d'adultes expérimentés qui chargent les mineurs des bandes filles et bébés de faire le sale boulot. Fortes de leur réputation de «bandes dangereuses», elles imposent à leurs bandes filles de se soumettre à elles pour obtenir en échange leur protection et des produits illicites. Étant donné la diversité des bandes de rue, il est indispensable de tenir compte du degré d'implication dans le réseau criminel et de l'âge des membres de chaque type de bandes pour réussir à élaborer des stratégies d'action adaptées. Nous proposons donc de cibler les interventions et d'avoir une approche globale.

PRÉVENTION OU RÉPRESSION? LÀ EST LA QUESTION

Face à un phénomène aussi complexe que celui des bandes de rue, il faut être très nuancé dans la mise au point des interventions. En d'autres termes, pour pouvoir doser et cibler l'intervention, il est fondamental de connaître les différents types de bandes et leurs particularités. Par conséquent, tous les intervenants, les corps policiers et les organisations communautaires concernés devraient avoir de bonnes connaissances sur le sujet. Cibler l'intervention permettra non seulement d'être plus efficace, mais aussi de ne pas stigmatiser certains jeunes ou certains groupes ethnoculturels. On évitera ainsi la répression inutile et les bavures policières, qui ne font qu'alimenter la colère, la méfiance et la haine des jeunes et de leur famille envers la société, en plus de créer un certain clivage social entre les zones qualifiées de ghettos et les autres quartiers, ainsi qu'entre la population d'accueil et les personnes issues de l'immigration.

Cibler l'intervention favorisera le développement de relations de confiance et la conclusion d'alliances entre les intervenants, les policiers, les jeunes et leurs familles, mais aussi avec des communautés entières qui peuvent, elles aussi, aider à combattre les bandes dans leurs quartiers respectifs. Les relations de confiance seront très précieuses pour réconcilier les jeunes avec la société, souvent perçue comme rejetante, hypocrite et complice de leur délinquance. Par ailleurs, l'attitude plus juste des représentants de la société dominante à l'égard des bandes permettra de contrer le recrutement et, finalement, de dissoudre les bandes de rue. Autrement dit, équilibrer prévention et répression reste la meilleure solution. La prévention visera à contrer le recrutement de nouveaux membres, et la répression, à éliminer les acteurs chroniquement impliqués dans le marché illicite. La tactique de l'étau! Il faut empêcher ou freiner le recrutement et éliminer les adultes présents afin de provoquer un épuisement de la relève et un vieillissement des bandes. Ce qui revient à dire qu'il ne faut plus négliger les bandes dites émergentes, car dans quelque temps, elles seront peut-être des bandes majeures. Après tout, dans les années 90, les *CDP* étaient une bande de «petits culs» qui jouaient aux durs à la sortie de l'école et maintenant, cette bande est une organisation majeure dans le marché illicite.

En ce qui concerne la prévention, quels doivent être le but et les personnes visés? La prévention doit avoir pour objectif de contrer le recrutement des jeunes et d'aider les mineurs à quitter les bandes dont ils sont membres. Il est plus probable de réussir à faire de la prévention auprès des mineurs qu'auprès des adultes, compte tenu que, dans la plupart des cas, on peut présumer que les mineurs n'ont pas encore de réseau criminel très élaboré. Ce qui veut dire que la prévention auprès des membres de bandes filles et bébés n'est pas forcément inutile. Et ce, même si ces bandes font partie des familles des *Crips* et des *Bloods*. L'âge aidant, les mineurs enrôlés dans ces bandes sont encore réhabilitables, mais la tâche pourrait se révéler bien plus difficile qu'avec des mineurs d'une bande ne faisant pas partie d'une grande famille. N'oublions pas que, dans une famille, les bandes de mineurs sont en général sous le contrôle de bandes majeures constituées d'adultes ayant la charge de faire leur «éducation criminelle».

Par ailleurs, faire de la prévention auprès des jeunes membres de bandes qui n'ont pas de liens avec des organisations criminelles peut s'avérer beaucoup plus efficace qu'auprès des jeunes qui en ont. En effet, nous avons constaté que, lorsqu'une organisation criminelle aidait, contrôlait ou chapeautait une bande de rue, il était extrêmement compliqué, pour ne pas dire quasiment impossible, de faire de la prévention, surtout quand le jeune ciblé avait un membre de sa famille dans ladite organisation. Avoir un membre de sa famille dans une bande mère ou dans une organisation criminelle ayant sous tutelle une bande n'aide guère à envisager l'avenir ailleurs que dans le milieu criminel.

Par conséquent, nous avons tout lieu de penser que, face à un membre d'une bande mère, d'une organisation criminelle ou d'une bande très structurée, ou encore devant un adulte intégré depuis longtemps dans le réseau criminel, il serait plus efficace d'appliquer des mesures répressives plutôt que préventives. Il ne sert à rien de se bercer d'illusions, la prévention ne donne aucun résultat avec ces personnes-là. Il est beaucoup plus rentable de dépenser de l'énergie et de l'argent pour faire de la prévention dans les écoles auprès des mineurs, des jeunes membres de bandes émergentes, des futures recrues des bandes émergentes et des jeunes impliqués dans des bandes de peu d'envergure et n'ayant aucun lien avec des organisations criminelles ; pour intégrer ces jeunes dans le marché du travail ; et pour les programmes favorisant la réussite scolaire.

Dans les autres cas de figure, la répression est beaucoup plus efficace que la prévention, mais cette option ne doit être vue que comme un dernier recours. N'oublions pas que la répression a pour ultime objectif de dissoudre les bandes structurées et bien organisées afin de les faire disparaître une bonne fois pour toutes. En démembrant ce genre de bandes, les policiers tentent d'enrayer le phénomène par le haut, c'est-à-dire en décapitant les têtes dirigeantes et leurs acolytes. Cette tactique ne peut être efficace si l'on ne s'attaque pas parallèlement, avec des programmes de prévention, au recrutement de la relève. Il ne faut jamais perdre de vue la tactique de l'étau et veiller à ne pas tomber dans le profilage racial et la répression de groupes identifiés en fonction de leur appartenance ethnique.

Les bandes de rue insensibles à la prévention sont celles consti-tuées d'adultes et qui ont des liens avec des organisations criminelles (les *Ruffriders*, par exemple). Dans cette catégorie, on relève, entre autres, certaines bandes mères des grandes familles (telles que les *CDP* et les *Bo-Gars*) et les bandes intermédiaires, ainsi que les bandes mères ne faisant pas partie d'une famille mais se trouvant sous la coupe d'une organisation criminelle de même origine ethnique (les bandes mères russe et asiatique, par exemple), en d'autres termes, les bandes majeures. Cependant, il est important de ne pas traiter les indi-vidus selon un cadre rigide où tous les adultes seraient automatique-ment exclus des programmes de prévention. Dans l'étude des êtres humains, on ne rencontre jamais l'absolu.

Il est important, cependant, que la répression ne se résume pas à des arrestations. La répression peut se faire de différentes manières. Certaines méthodes peuvent être draconiennes et aboutir à des arres-tations, d'autres doivent être plutôt stratégiques. Une bonne stratégie consisterait à repérer les points faibles des bandes majeures que l'on souhaite faire disparaître et à agir en fonction de ces failles. Prenons les *Crips,* par exemple. Quels sont leurs points faibles ou de dissen-sion? Une tension à l'interne dans la bande des *CDP*, une tension entre Saint-Michel et Pie-IX, un faible leadership, le désir de Wooley d'unir les rouges et les bleus (centralisation qui se ferait au détriment des autres dirigeants), des dirigeants avides de pouvoir, l'arrestation des motards durant l'opération Printemps 2001, etc. Devant de telles failles, il suffit de déployer des stratégies favorisant la division des groupes en place. Diviser pour régner! Il y a autant d'actions à mettre en œuvre que de failles repérables chez une bande ou un ensemble d'organisations.

APPROCHE GLOBALE : DONNER PRIORITÉ À LA CIRCULATION DE L'INFORMATION

Le phénomène des bandes de rue, en raison de sa complexité et de sa mouvance à la fois structurelle et organisationnelle, doit être abordé par les forces de police, toutes divisions confondues, de façon globale. Il est capital que la circulation de l'information entre les corps de police ne soit pas entravée par les querelles de clocher. Que ce soit au SPVM, au SCRS, à la SQ, à la GRC ou au SRCQ (Service de renseignement criminel du Québec), l'information doit constamment être mise à jour et transmise aux agents de contrôle social travaillant dans le domaine, car les bandes changent rapidement de nom et de territoires. L'heure est à la mondialisation de ce genre de criminalité.

Actuellement, à Montréal, le SPVM possède sa propre division du renseignement concernant les bandes de rue. Cette division travaille en concertation avec la division du crime organisé, les équipes de quartier et la division de la moralité. D'autres organismes non policiers sont également mis à contribution. Il faut donc s'arranger pour que tout le monde travaille avec les mêmes balises. Car la circulation de l'information n'est pas tout, il faut aussi que le phénomène des bandes de rue, continuellement en expansion, soit compris de la même façon par tous. Bref, il est indispensable que les escouades des différents paliers gouvernementaux et les organisations œuvrant auprès des jeunes travaillent en étroite collaboration et en toute transparence.

Il est maintenant primordial que le ministère de la Sécurité publique crée un bureau spécial «Gangs de rue» du Québec, qui veillera à centraliser les données et les organigrammes des réseaux, à développer continuellement la recherche dans le domaine et à centraliser toutes les enquêtes en cours ou antérieures quel que soit le corps policier les ayant menées. Ce bureau pourrait être composé d'enquêteurs spécialisés dans les gangs de rue, de travailleurs de rue, de travailleurs sociaux, de responsables de centres jeunesse, mais aussi de chercheurs dont la fonction principale serait de concilier la pratique et la théorie, le travail quotidien sur le terrain et la conceptualisation des données. En fait, son efficacité dépendra de la diversité des intervenants le constituant et du travail en équipe. Ce bureau devra aussi devenir l'instance nationale qui fera le lien avec les régions, le reste du Canada et les pays étrangers. Cette approche globale des forces d'intervention vise à permettre une déstabilisation des réseaux gangs de rue/crime organisé déjà bien implantés à Montréal et dans l'ensemble du Québec. En impliquant des personnes de terrain, telles que des travailleurs sociaux, dans le bureau spécial «Gangs de rue» du Québec, il sera possible d'avoir accès à un grand nombre de renseignements que les policiers ont bien du mal à obtenir, mais que des intervenants de ce genre peuvent recueillir chaque jour grâce à la relation de confiance qu'ils établissent avec les jeunes.

Les bandes de rue montréalaises ont beaucoup évolué, mais nos façons de faire n'ont pas suivi le mouvement. Ce phénomène doit être désethnicisé et vu sous l'angle du crime organisé. Pour l'enrayer, il faudra innover. Il faudra mettre au point des outils et des tactiques de prévention ainsi que de répression adaptés à chacun. Et garder en tête qu'on ne peut combattre un adversaire si l'on ne connaît pas son histoire et si l'on ne comprend ni son mode de fonctionnement ni ce qui explique ses actions et ses relations avec les autres. Les réseaux des bandes peuvent nous apprendre beaucoup sur leur fonctionnement et leur naissance. Nous devons penser comme eux pour pouvoir les contrer! Ce qui rendra le rapport de force entre les agents de contrôle social et les acteurs du marché illicite différent et plus intéressant. N'oublions pas que toute entité qui se sent menacée crée de nouvelles méthodes d'adaptation à son environnement. Ce qui revient à dire que même si nous découvrons la «recette» miracle, ce dont je doute fort, les bandes de rue s'adapteront constamment aux menaces sociétales. C'est la raison pour laquelle il est essentiel que le bureau spécial «Gangs de rue» du Québec ait des chercheurs en son sein; ainsi, il pourra suivre l'évolution de ces groupes.

Annexes

ANNEXE 1 : ÉTAT DES SAVOIRS

Depuis les années 20, le phénomène des bandes de jeunes a été longuement débattu et discuté dans la littérature. On assiste d'ailleurs à un essor de ces écrits depuis les deux dernières décennies. Malgré cette richesse littéraire, le phénomène des bandes de jeunes reste un sujet où il réside encore des zones vierges, notamment en ce qui concerne les liens et les relations entre les membres de bandes et ceux d'autres groupes criminels. La littérature sur les bandes de jeunes n'est pas muette quant à la possibilité de relations entre les membres de bandes et ceux d'organisations criminelles adultes. Cependant, cette avenue reste peu approfondie même si elle pourrait contribuer à une nouvelle façon de conceptualiser la dynamique des bandes.

L'absence d'un consensus définitionnel

Le terme «bandes» se trouve employé de différentes manières par les auteurs. Certains préféreront le terme «bandes de jeunes» (Chalom, M. et Kousik, J., 1996 ; Fize, M., 1993 ; Mathews, 1993), alors que d'autres opteront pour «bandes marginales» (Leblanc et Lanctôt, 1995) ou encore pour «gangs juvéniles» (Corvey, Menard et Franzese, 1997). Klein (1991) préférera le terme «bandes de rue» (*street gangs*) à «juvénile» ou à de «jeunes», compte tenu que des acteurs d'âges variables peuvent se retrouver dans ces groupes. Toutefois, le terme le plus fréquemment utilisé est sans aucun doute «gangs» (Spergel, 1990; Fagan, 1996 ; Hamel *et al.*, 1998). Nonobstant cette variation terminologique, Spergel (1990) soutient que les auteurs définissent ce phénomène selon leurs perceptions et leurs intérêts, sans parler des changements de la réalité sociale des bandes et des courants universitaires à la mode. Jankowski (1992) reprend aussi cette idée en soutenant que certains politiciens, par exemple, préféreront taire la présence de bandes dans leurs quartiers de peur que leurs territoires ne perdent de la valeur. À l'inverse, les policiers et les médias l'amplifieront, les premiers pour favoriser les rentrées budgétaires et les seconds, l'achat de leurs journaux à sensation.

Thrasher (1963) fut le premier à apporter une définition du concept de «bande», qu'il définit comme «*an interstitial group, originally formed spontaneously, and then integrated through conflict*» (traduction libre: un groupe intersticiel qui s'est formé spontanément et qui s'est ensuite soudé en faisait face à des conflits, p. 46). Les critiques reprochent essentiellement à cette définition la largesse du cadre conceptuel qui pouvait permettre d'y inclure d'autres catégories de groupes d'acteurs, telles les équipes sportives (Covey, Menard et Franzese, 1997; Spergel, 1990; Miller, 1982). Rappelons que, durant les années 50 à 60, les définitions sur les bandes étaient issues des études étiologiques, faisant davantage référence à des notions telles que la liberté, la réforme sociale, l'optimisme, etc. Aussi, des années 20 jusqu'aux années 70, les bandes étaient perçues comme «des structures de socialisation peu agressives» (Thrasher et Whyte), faisant partie du développement normal de l'enfant (Jankowski, 1992, p. 3).

À partir des années 70, les définitions deviendront plus descriptives, plus précises en termes de caractéristiques des bandes et mettront l'accent sur la violence, la criminalité (Spergel, 1990), l'âge, l'ethnicité, etc., devenant ainsi difficilement généralisables (Fournier, 2003). Les auteurs commencèrent à associer les bandes à la violence, même si la majorité des comportements des membres n'étaient alors pas délictueux et que les délits perpétrés n'étaient pas forcément violents. Cette perception négative des bandes prendra davantage d'importance durant les années 80, où les bandes cesseront d'être vues comme des groupes de socialisation pour être perçues comme un problème sérieux d'ordre public tendant à se caractériser par son degré de violence et sa concentration dans certains espaces urbains (Jankowski, 1992). Cette violence serait liée, entre autres, à la défense d'un territoire, à l'honneur, à la recherche du contrôle et du profit (Trudeau, 1997).

Ce changement de cap générera plusieurs positions quant à la pertinence de telles ou telles caractéristiques. En fait, l'un des débats tournera autour de la question des activités criminelles. Doit-on inclure les activités criminelles dans la définition? Certains auteurs sont d'avis que cela devrait être le cas (Klein, 1995; Curry et Spergel, 1990) afin de permettre une distinction entre une bande de jeunes (gangs) et un groupe de jeunes délinquants, d'autant plus qu'un grand nombre d'activités criminelles, chez les jeunes, seraient perpétrées en groupe, facteurs dont les études d'avant les années 70 ne faisaient pas cas (Spergel, 1990). D'ailleurs, Curry et Spergel (1990) font des distinctions entre les termes «gang», «street gang», «traditional youth gang» et «posse/crew». Ils distinguent un «gang» d'un «traditional youth gang», entre autres, par des caractéristiques telles que la criminalité, l'âge, l'ethnie, le genre, les codes vestimentaires, etc. En fait, le terme de «gang» est beaucoup plus large et permet d'y référer des groupes comme les motards, les Skinheads, les groupes sataniques, etc. Les termes «street gang» et «posse/crew» sont souvent utilisés conjointement, référant à des groupes engagés dans des activités criminelles et dont l'objectif est économique (Shelden, Tracy et Brown, 2001). Curry et Spergel (1988) apportent, toutefois, des nuances en rappelant que la différence entre une bande et un groupe de jeunes délinquants serait davantage dans la variabilité et la complexité de la structure des bandes et des comportements. Finalement, des auteurs, tels que Hagedorn (1988) et Moore (1991), estiment qu'«il est tautologique d'inclure l'implication criminelle dans la définition de ce qu'est un gang puisqu'elle constitue elle-même l'une des variables qu'il faut tenter d'expliquer dans le cadre d'études concernant ce phénomène» (Fournier, 2003, p. 7).

De nos jours, le phénomène des bandes de jeunes se définit toujours en une énumération de caractéristiques et conserve encore le visage de la violence (bataille, utilisation d'armes à feu, etc.), qui serait même en augmentation. Dans un recensement des écrits, Hébert J. *et al.* (1997) énumèrent les caractéristiques suivantes: jeunes mâles, groupes ethniques, homogènes, défavorisés sur le plan socioéconomique, davantage d'Afro-Américains et d'hispanophones, bandes d'origine asiatique en augmentation, consommation et trafic de stupéfiants, crimes plus violents et, finalement, utilisation d'armes à feu. Cette énumération, qui brosserait donc le portrait des nouvelles bandes américaines, peut aussi être appliquée aux bandes canadiennes avec quelques variantes, en l'occurrence quant à la composition ethnique des groupes qui seraient plutôt constitués des communautés culturelles récemment venues au Canada (Antillais, Libanais, Iraniens, Colombiens, etc.).

En raison de ce manque de consensus définitionnel, certains auteurs se sont questionnés « sur la validité des études » portant sur les bandes (Fournier, 2003, p. 8), en termes de résultats et de conclusions. D'autres en sont venus à traiter de certaines organisations criminelles adultes comme des bandes de rue, en l'occurrence les groupes de motards criminalisés (Spergel, 1990) ou encore les Yakuzas (Jackson, 1986). On constate dans quelques écrits la présence d'un certain flou quant à la distinction entre une bande de rue et des groupes qui sont généralement catégorisés comme appartenant au crime organisé, phénomène traité différemment de celui des bandes et ne faisant pas davantage l'objet d'un consensus définitionnel. Jackson (1986) fait état de certaines bandes asiatiques qui pourraient être classées dans le crime organisé. Selon Spergel et Curry (1990), certaines villes américaines semblent présenter un taux élevé de bandes comparativement à d'autres, compte tenu de la différence des définitions et du processus de collectes des données. De ce fait, des groupes qui seraient classifiés comme des organisations criminelles adultes à New York, se retrouveraient à Los Angeles classés dans la catégorie des bandes de jeunes. D'ailleurs, Thrasher (1963) fait une distinction entre un bande de jeunes adolescents et une bande dite criminelle (*criminal gang*), constituée majoritairement d'adultes, qui aurait des visées purement commerciales, présentant une division du travail et une forte organisation interne. Toutefois, ces « bandes criminelles » présentent des caractéristiques similaires à celles des organisations criminelles adultes. Est-ce alors des bandes en maturation ou des organisations criminelles adultes traitées comme des bandes ? Au regard de ce flou définitionnel, quelles seraient les différences entre une bande de jeunes et une organisation criminelle ?

Les distinctions les plus communément apportées dans la littérature sont l'âge des acteurs (Huff, 1993; Moore, 1978), l'organisation de ces groupes et les activités criminelles (Curry et Spergel, 1990; Huff, 1993; Hagedorn, 1998). Les organisations criminelles, essentiellement constituées d'adultes, seraient plus organisées que les bandes qui seraient composées d'acteurs d'âges variables, plus jeunes, majoritairement des mineurs et des jeunes adultes. De plus, les organisations criminelles auraient des visées exclusivement économiques, alors que les bandes, historiquement, seraient impliquées dans toutes sortes d'activités légales ou illégales (Shelden, Tracy et Brown, 2001), malgré que l'on assiste de plus en plus à un changement de cap, soit l'implication dans des activités de plus en plus structurées axées sur la rentabilité économique (Huff, 1993; Spergel, 1990). D'ailleurs, selon Chin (1996), les agents de contrôle social seraient enclins à nommer «organized gangs» les bandes chinoises. Cette appellation serait attribuable essentiellement à trois caractéristiques: 1) les dirigeants de ces bandes seraient relativement âgés (de 20 ans à 30 ans); 2) ces bandes seraient considérées comme une extension du crime organisé; 3) les activités de ces bandes seraient axées sur le profit économique, entre autres le trafic d'héroïne, et réputées être d'une grande violence.

La frontière entre les organisations criminelles et certaines bandes de rue semble donc plutôt floue; même les considérations générationnelles sont quelque peu discutables, puisque de plus en plus de groupes bien connus et étudiés sous la rubrique «bandes nord-américaines», par exemple les *Posses*, sont, en effet, constitués d'adultes (Klein, 1995; Hagedorn, 1998). De plus, ces bandes présenteraient souvent une organisation aussi performante que leurs homologues du crime organisé et auraient des objectifs purement économiques. Sommes-nous donc en présence d'organisations criminelles adultes? Ou devons-nous plutôt parler dans ce cas de maturation de ces bandes? Nous tenterons d'explorer ces questions en relevant, entre autres, les caractéristiques de ces bandes qui tendent à ressembler à des organisations criminelles. Toutefois, dans la section suivante, nous passerons d'abord rapidement en revue les principales approches théoriques ayant marqué la littérature sur les bandes.

Survol des différentes approches théoriques : de Thrasher à nos jours

Le phénomène des bandes de jeunes n'est pas récent dans la littérature. En Angleterre, au xive et xve siècles, des écrits rapportaient la présence de bandes à Londres. En France, au Moyen-âge, il y aurait aussi eu des groupes de jeunes qui commettaient des activités criminelles de divers ordres. De plus, au xviie et xviiie siècles, en Allemagne, il est rapporté l'existence de bandes de jeunes (Shelden, Tracy et Brown, 2001). Toutefois, en Amérique du Nord, on relève quatre grandes périodes entourant l'étude de ce phénomène : avant la Deuxième Guerre mondiale avec Thrasher (1936 : 1963) ; des années 1950 à 1960, avec l'École de Chicago, soit la période la plus productive ; les années 1970, où les recherches prennent énormément de retard avec un recul de l'intérêt des sociologues pour le phénomène des bandes ; la fin des années 1980 où le gouvernement fédéral américain ramène le phénomène des bandes sur la place publique (Jankowski, 1992).

Le phénomène des bandes de jeunes a été traversé par plusieurs grands courants criminologiques, sociologiques et psychologiques ou psychosociales. La théorie de la désorganisation sociale, issue de la sociologie écologique, demeure la plus populaire. Les tenants de la sociologie écologique, entre autres ceux de l'École de Chicago, préconisent l'existence d'un rapport dynamique entre les acteurs et leur environnement social ou communautaire. La déviance serait alors liée au caractère de l'espace social dans lequel se retrouvent les acteurs. Ces auteurs reprennent, entre autres, le concept d'anomie de Durkheim pour expliquer non seulement le phénomène des bandes aux États-Unis (Chicago, Boston, Los Angeles, New York), mais aussi la formation des ghettos (Shelden, Tracy et Brown, 2001).

L'un des auteurs classiques de la théorie relative au phénomène des bandes de jeunes est incontestablement Frederic Thrasher (1963). Cet auteur explique le phénomène des bandes en termes de fissures (*interstitial*) dans l'organisation sociale. Ces fissures se caractériseraient par une détérioration de l'environnement, le mouvement des populations et la désorganisation sociale. Les bandes joueraient alors un rôle de comblement de ces fissures et ne seraient qu'une forme de sociabilité «juvénile» à l'image d'une culture et d'un univers social spécifique. L'immigration serait alors intimement liée à la création de ces bandes et aux conflits interethniques. À cette époque, l'auteur faisait référence aux immigrants de l'Europe centrale installés à Chicago. Le concept de désorganisation sociale marque la plupart des études sur les bandes (Spergel, 1990; Hamel *et al.*, 1998).

Shaw et McKay (1969), de l'École de Chicago, considèrent que la délinquance serait un phénomène «normal» dans les quartiers pauvres et la délinquance juvénile ne ferait pas exception à cette règle. Whyte (1981), dans la même lignée que Shaw et McKay, affirme que les bandes de jeunes se formeraient en réaction à des conditions socioéconomiques précaires et au manque d'opportunités. Les membres s'associeraient donc dans le but de s'entraider face à un environnement hostile, d'où la forte solidarité et la grande cohésion dans les bandes. Faisant alors référence aux bandes italiennes de Boston, cet auteur avance, contrairement à Thrasher, que la désorganisation qui semble prévaloir dans les ghettos ne serait pas en soi une désorganisation, mais plutôt une organisation inadaptée à celle du reste de la société (Trudeau, 1997).

D'autres études mettront l'accent sur le peu d'opportunités économiques pour les jeunes des quartiers pauvres. Prenant leur source dans la théorie de l'anomie et des modes d'adaptation individuelle de Merton (1965), «strain theory» considérait que les taux de déviance dans certains quartiers n'étaient en rien «naturels» et découlaient d'un mode d'adaptation individuelle adopté par les membres de bandes face à un environnement hostile. Devant le peu d'opportunités légitimes, les jeunes s'associeraient alors en bandes afin d'acquérir des biens, mais en utilisant des procédés illégaux. Les bandes seraient donc la manifestation d'un processus «d'anonymisation» traversant le corps social (Lagrée, 1996).

Par ailleurs, comme Merton, Haghighat (1994) soutient que les bandes seraient une «une solution de remplacement» à la pauvreté et au rejet de la société dominante. En outre, selon Mathews (1993), la répartition inégale des richesses et le manque de pouvoir des jeunes contribueraient à la formation des bandes, qui, par ce moyen, tenteraient de contrer la domination économique de l'État et des personnes possédant la majorité des richesses. Hagedorn (1988) fit ressortir, dans des entrevues menées auprès de bandes à Milwaukee, que les Afro-Américains se retrou-vaient, généralement, exclus du système économique, de par la spécialisation du marché de l'emploi et la disparition du travail manuel, d'où l'attrait des bandes. Par ailleurs, Chalom (1993), dans une étude menée auprès de bandes montréalaises, établit un lien causal entre marginalisation et bande. Autrement dit, compte tenu de la précarité d'emploi, résidentielle, psychologique et économique, les jeunes issus de l'immigration se for-meraient alors en bandes dans un besoin d'appropriation de pouvoir et d'une image sociale. En outre, d'après Spergel (1990), l'isolement sur les plans social et culturel ainsi que la désorganisation sociale et la pauvreté contribueraient à la formation des bandes de rue. Selon Leblanc et Lanctôt (1995), la formation des bandes serait en lien avec la transformation des valeurs sociales et les changements de socialisa-tion des jeunes, entre autres la détérioration des familles (monoparen-talité), des écoles et des activités ludiques.

Un grand nombre de chercheurs se sont questionnés sur les cir-constances entourant l'adhésion d'un jeune dans une bande ou encore son retrait du groupe. On a alors mis de l'avant des explications psy-chosociales et environnementales (Hébert *et al.*, 1997; Leblanc et Lanc-tot, 1995; Spergel, 1990). On a avancé que certains «facteurs de risques» ou «contributifs» (Reckless, 1961) faciliteraient l'engage-ment dans une bande, comparativement à des «facteurs de protec-tion» (Hamel *et al.*, 1998) qui auraient un effet inverse. Ces «facteurs contributifs» ou «de risques» seraient, entre autres, la connaissance d'un membre de bande, la présence dans le quartier de bandes, la consommation de drogue (Spergel et Curry, 1987) ou encore l'apparte-nance à une minorité visible, l'esprit de compétition, la pauvreté, le fait d'être victime de racisme, d'être dépendant de l'État, de faire partie d'une famille monoparentale, etc., (Hamel *et al.*, 1998). En fait, les facteurs socioéconomiques, tels que la pauvreté, le racisme, le divorce, etc., généreraient beaucoup de stress dans les foyers, contribuant ainsi à une instabilité de la vie familiale qui pousserait les jeunes à se retrouver dans la rue. En outre, les tensions générationnelles, le choc des cultures, le manque d'adaptation des jeunes issus de l'immigration et le besoin de protection influeraient quant à leur adhésion à une bande (Vigil et Yun, 1996; Hamel *et al.*, 1998; Hébert et al., 1997).

Par ailleurs, la violence et les activités criminelles ne seraient pas seulement le lot des bandes actuelles, puisque Thrasher (1963) en parlait déjà, mais depuis la dernière décennie, les bandes de jeunes seraient de plus en plus impliquées dans le trafic de drogues et il en résulterait une augmentation de la violence avec l'apparition, entre autres, des armes sophistiquées (Shelden, Tracy et Brown, 2001) et un vieillissement des membres (Fagan, 1996). De ce fait, certaines bandes contemporaines, particulièrement celles qui sont impliquées dans le trafic de stupéfiants, auraient remplacé les objectifs historiques de «solidarité ethnique» (regroupement selon une même appartenance ethnique) et de défense du voisinage, par des visées essentiellement économiques (Fagan, 1996). Ce pourrait-il alors que l'homogénéité ethnique servirait tout simplement à faciliter le développement de réseaux de confiance? Selon Hamel *et al.* (1998), ayant à l'origine un but défensif, les bandes actuelles auraient évolué vers un mode plutôt offensif dans une perspective économique. Elles se formeraient alors selon des considérations territoriales plutôt qu'ethniques, surtout pour les jeunes des deuxième et troisième générations, contrairement aux nouveaux arrivants. Cette particularité serait liée à la perception que le racisme serait vécu avec moins d'intensité qu'auparavant et que les bandes actuelles auraient des objectifs économiques plutôt que de protection.

La grande majorité des écrits sur les bandes tendent donc à présenter ce phénomène comme un problème d'adaptation d'une jeunesse issue de l'immigration qui, pour contrer la violence systémique de la société d'accueil, s'unit pour mieux prendre sa place. Or, les bandes actuelles ne sont pas celles des années antérieures. Elles fonctionnent à l'ère d'Internet et de la mondialisation. Elles sont, pour certaines, devenues des entreprises lucratives et s'inscrivent dans une internationalisation des activités. Entre la cour de récréation et la cour des grands, certains groupes restent difficiles à distinguer. Qu'en est-il alors de la littérature sur les bandes relativement à cette dynamique particulière du phénomène? Y a-t-il des auteurs qui ont élaboré sur les relations entre les bandes et les organisations criminelles? Si oui, sur quelles bases l'ont-ils fait? Que pouvons-nous apprendre sur les liens unissant les membres de bandes à ceux des organisations criminelles adultes?

Existe-t-il des liens entre les bandes de rue et les organisations criminelles ?

Quelles que soient leurs allégeances, des bandes se créeraient des réseaux d'alliances afin d'avoir plus de protection et de maximiser leurs profits. Dans une étude comparative sur les bandes de jeunes de différents pays, Covey, Menard, Franzese (1997) ont mis en évidence l'existence de liens entre les bandes de jeunes et les organisations criminelles. Ils en sont venus à la conclusion que, dans les pays sous-développés, les bandes travaillaient en collaboration avec des organisations criminelles. Par exemple, au Mexique, certaines organisations criminelles ayant des ramifications internationales, telles que le *Cartel de Medellin,* emploieraient les bandes de jeunes comme des tueurs à gage.

Concernant les bandes nord-américaines, Thrasher (1963) rapportait, dans son étude sur les bandes de Chicago, une possibilité de connexion entre les bandes de jeunes et les organisations criminelles. Toutefois, celui-ci faisait aussi référence à une catégorie de bandes, soit les *criminal gangs,* qui étaient alors non seulement un élément du crime organisé, mais aussi jouaient, selon ses termes, un rôle important dans l'organisation et la mobilisation de la «communauté criminelle». D'autres auteurs soutiennent aussi que certaines bandes de rue seraient intégrées dans des groupes adultes ou sous leur contrôle (Spergel, 1996; Chin, 1996). Selon certains auteurs, cela serait beaucoup plus évident chez les bandes qui se formeraient en prison, usuellement appelées *prison gangs* (Howell et Decker, 1999). Toutefois, si ces auteurs reconnaissent ou supposent l'existence de relations entre les bandes et les organisations criminelles, il n'en demeure pas moins qu'ils ne le conçoivent que dans certains cas et pour certaines bandes.

Les jeunes impliqués dans les bandes de rue participeraient à toutes sortes d'activités criminelles, et ce, pour des raisons variables, allant de la vengeance au besoin pécuniaire. On relève alors des vols, des fraudes, du jeu, des meurtres, de la prostitution, de l'immigration clandestine, du trafic de stupéfiants, etc., le marché de la drogue étant le commerce le plus lucratif (Joe, 1994 ; Chin, 1996 ; Fagan, 1996). L'utilisation d'armes de plus en plus sophistiquées et dangereuses serait devenue monnaie courante : des armes automatiques, des grenades, des cocktails Molotov, etc. (Landre, Miller et Porter, 1997). Ces bandes travailleraient donc pour les mêmes raisons que les organisations criminelles adultes, soit le profit (Fagan, 1996).

De plus, si certaines bandes de jeunes ont très peu de structures internes, en termes de cohésion, de leadership, de rôles et de fonctionnement, d'autres, au contraire, ont des structures très fortes et bien organisées. Elles favoriseraient, entre autres, une division du travail et la présence d'un dirigeant contrôlant toutes les activités de la bande (Jankowski, 1991 ; Taylor, 1990 ; Chin, 1996 ; Joe, 1994). Ces bandes auraient comme seul objectif les profits économiques à partir du trafic de stupéfiants et d'autres activités criminelles (Corvey, Menard et Franzese, 1997 ; Fagan, 1996). Taylor (1990) les nommait des « corporate gangs ». Selon Spergel et Curry (1990), plus le degré d'implication des membres dans des activités criminelles est grand et plus il y a d'adultes dans la bande, plus les possibilités d'affiliation à des organisations criminelles adultes seraient grandes. En somme, forte de son objectif de rentabilité, plus une bande s'organise et se structure quant à ces activités criminelles, plus elle tend à ressembler à une organisation criminelle et, par la même occasion, à entretenir des alliances avec ce genre de groupes criminels. Ces bandes opéreraient alors dans l'esprit du capitalisme et de la liberté d'entreprise, dont l'âme reste le profit (Joe, 1994).

Certaines bandes asiatiques, en l'occurrence les bandes chinoises, sont un bel exemple d'organisation. Selon certains auteurs, elles seraient plus sophistiquées, plus performantes et plus mobiles, comparativement aux autres bandes, comme celles des Noirs, des Hispaniques, etc. (Chin, 1996 ; Corvey, Menard et Franzese, 1997). Selon

Chin (1996), certaines bandes chinoises de San Francisco et de New York seraient beaucoup plus organisées, comparativement à d'autres groupes ethniques, compte tenu de leurs affiliations avec les *Tongs,* une organisation criminelle adulte. D'ailleurs, Jackson (1986) estimait que les bandes asiatiques, compte tenu de leur organisation interne, pouvaient être classées comme un élément du crime organisé. De la même manière, Fagan (1996) soutient que les bandes qui seraient bien impliquées dans le commerce de la drogue et qui ont su mettre sur pied des structures de types corporatives, auraient des liens avec des organisations criminelles adultes.

Enfin, si des auteurs conviennent que certaines bandes sont affi- liées à des organisations criminelles, deux tendances semblent se dessiner dans la littérature : d'une part, certaines bandes de jeunes tendraient à ressembler de plus en plus aux organisations adultes et, d'autre part, les bandes seraient utilisées par les organisations cri- minelles pour faire les sales besognes ou comme berceau de recrute- ment.

Un processus dynamique de maturation ?

Comme nous l'avons brièvement mentionné dans la section précé- dente, certaines bandes de jeunes auraient réussi à atteindre des pro- portions effarantes. Elles dénoteraient une grande stabilité et un professionnalisme. En outre, elles créeraient des alliances entre bandes et, en plus d'un polymorphisme criminel, elles entretiendraient un commerce bien structuré dans le marché de la drogue. Ces bandes auraient une organisation hiérarchique et coopérative, avec une divi- sion du travail et des règles de conduite bien définies. Cela leur per- mettrait d'avoir une plus grande mobilité, moins de contrôle policier et un plus grand nombre de ventes (Joe, 1994 ; Fagan, 1996 ; Chin, 1996 ; Corvey, Menard et Franzese, 1997 ; Thrasher, 1963).

Selon Taylor (1990), les bandes de territoire et les « scavenger gangs » (charognards) seraient une étape vers le développement de groupes plus organisés pouvant évoluer en des bandes coopératives ou commerciales (Landre, Miller et Porter, 1997). En outre, les mem- bres de ces bandes vieillissant, ces groupes tendraient à devenir plus sophistiqués. Prenons par exemple, à Los Angeles, la bande de la *18ᵉ Rue* (*18 ᵗʰ Street Gang*), apparue durant les années 60 dans un quartier composé d'immigrants mexicains. Cette bande serait devenue une multinationale criminelle alliée aux cartels colombiens et mexicains. Elle se serait implantée dans 35 États des États-Unis, en plus du Mexique et de l'Amérique centrale (Belize, Honduras, Salvador). Cette bande ne serait pas dirigée par un parrain, mais plutôt par un collectif de vétérans (Raufer et Quéré, 2000).

De la même manière, les *Bloods* et les *Crips* étasuniens (des bandes noires) auraient établi des alliances avec des cartels internationaux opérant dans 32 États des États-Unis. Les dirigeants de ces bandes se feraient appeler des «godfathers» et investiraient dans des affaires légales. Par ailleurs, les *Posses* auraient aussi des «affaires» tant aux États-Unis qu'en Angleterre et au Canada. Ceux-ci importeraient près de 20 % de toute la marijuana (le Cana) aux États-Unis, en plus de la cocaïne du *Cartel colombien* et des *Triades chinoises*, qui serait ensuite transformée et revendue dans des «crack houses», sécurisées par des caméras de surveillance, des barricades et des sorties de secours. Les *Posses* utiliseraient aussi d'autres bandes pour vendre leurs marchandises et enverraient des dons en Jamaïque (Landre, Miller et Porter, 1997). Un autre exemple frappant est celui des *Blackstone Rangers*, devenus plus tard les *Black P. Stone Nation*, une bande afro-américaine qui aurait évolué en une organisation criminelle nommée *El Rukns*, impliquée dans le trafic de stupéfiants dans plusieurs pays et, brièvement, dans des activités terroristes. Cette bande aurait même réussi à corrompre des politiciens, une caractéristique particulière aux organisations criminelles adultes (Spergel, 1995; Landre, Miller et Porter, 1997).

Il semblerait alors que les bandes qui tendraient à ressembler aux organisations adultes entretiendraient, avec ces organisations, des relations d'affaires (Landre, Miller et Porter, 1997) et même bénéficieraient de «l'enseignement», voire de l'expérience criminelle des plus âgés (Thrasher, 1963). Elles posséderaient leurs propres réseaux de distribution, voire de fabrication. Ces bandes seraient contrôlées généralement par de jeunes adultes qui ont une bonne expérience dans le domaine et, parfois, ont déjà fait l'objet d'incarcérations (Landre, Miller et Porter, 1997; Spergel et Curry, 1990; Thrasher, 1963), d'où certaines alliances avec des «bandes de prison» (*prison gangs*). Ces bandes se formeraient en détention en lien avec la race ou la région d'origine. Créées dans un objectif de protection contre d'autres bandes, elles entretiendraient de fortes relations avec les bandes de jeunes à l'extérieur, parfois formées par un ex-leader, tout en ayant des liens avec des organisations adultes. Par exemple, les *Mexican Mafia* seraient en relation avec la mafia italienne; les *Aryan Brotherhood* avec les *Hells Angels*) (Landre, Miller et Porter, 1997). En somme, certaines bandes modernes semblent davantage motivées par les gains d'argent, et le trafic de stupéfiants, entre autres, deviendrait un bon moyen pour faire le plus de profits. Par conséquent, ces bandes tendraient à ressembler à leurs homologues du crime organisé, en minimisant les risques et en augmentant la rentabilité. D'ailleurs, certaines organisations criminelles proviennent originellement de bandes de rue. Les *Tongs*, par exemple, une bande d'origine chinoise aux États-Unis, furent un groupe s'occupant de l'intégration des nouveaux arrivants chinois, avant d'évoluer en une organisation criminelle, trempant dans toutes sortes d'activités illégales, tels le jeu, la prostitution, le trafic de stupéfiants (héroïne), l'émigration clandestine, etc. (Chin, 1996).

Berceau de recrutement ou tactiques manipulatrices?

Nonobstant la maturation de certains groupes vers un mode plus organisé, certains auteurs font état de l'utilisation des bandes par certaines organisations criminelles adultes. Rappelons qu'on ne connaît pas exactement la proportion de jeunes impliqués dans des bandes qui se retrouveraient par la suite dans des organisations criminelles adultes ou encore de bandes à la solde de ces groupes d'adultes (Hamel *et al.*, 1998). Ces jeunes seraient-ils alors des soldats que les adultes utiliseraient pour régler leurs conflits ou encore de futures recrues?

Selon Jankowski (1991), les bandes de jeunes seraient de plus en plus impliquées dans les activités du crime organisé; les jeunes apprendraient le métier des adultes, tant en ce qui concerne la distribution de la drogue qu'en ce qui a trait aux affaires de toutes sortes. D'après Haghighat (1994), «[les bandes]… ne sont plus le simple lieu de passage de jeunes adolescents du ghetto en quête de socialisation et de formation… les groupes de *delinquent boys* des années 1950, mais [plutôt] représentent une courroie de transmission vers le crime organisé» (p. 219). Par ailleurs, l'augmentation de la violence dans les bandes, qui est souvent associée aux luttes de territoire et à l'accessibilité des armes à feu (Fagan, 1996), serait de plus en plus perçue comme un facteur d'intégration dans une organisation criminelle adulte (Spergel, 1995).

Selon certains auteurs, les bandes asiatiques seraient les plus évidentes en termes «d'école du crime». En fait, celles-ci s'intégreraient directement dans les structures de la mafia chinoise, contrairement à d'autres groupes ethniques. Elles assumeraient la protection et l'assistance de deux organisations adultes, soit les *Triades* et les *Tongs* (Joe, 1994). Ces organisations donneraient à ces jeunes une légitimité, les intégreraient dans leurs territoires, les fourniraient en argent et en armes, tout en leur offrant des opportunités de réussite (Chin et Fagan, 1994). De plus, ces bandes chinoises, en plus de voir à la protection de la clientèle, veilleraient à l'intégrité des territoires des organisations criminelles adultes à qui elles sont affiliées (Chin, 1996) et leurs membres serviraient de soldats lors des guerres entre des organisations criminelles rivales (Landre, Miller et Porter, 1997).

Ainsi, les *Triades chinoises* utiliseraient leurs jeunes comme des soldats, les «ma jaï» (petit cheval en chinois), généralement des adolescents de 12 à 18 ans. Ceux-ci seraient cantonnés en bandes et doivent démontrer une loyauté sans faille à leur groupe ainsi qu'au sommet. Viennent ensuite les lieutenants, les «dai los», des jeunes dans la vingtaine qui doivent non seulement faire preuve de loyauté, mais aussi s'occuper des soldats en démontrant un certain leadership. Ils veillent à ce que les soldats obéissent aux ordres et font des rapports aux membres gradés (*Triades* ou *Tongs*). Les lieutenants aspireraient donc à devenir des membres de la grande organisation ou encore de légitimes hommes d'affaires au service de l'organisation. Les *Triades* contrôleraient alors plusieurs bandes de jeunes chinois, tant aux États-Unis qu'au Canada, et utiliseraient les bandes non chinoises pour agrandir leur territoire (Landre, Miller et Porter, 1997; Chin, 1996 : 1990).

Les bandes asiatiques auraient donc des liens plus directs avec les organisations criminelles adultes, comparativement à d'autres bandes de jeunes. Généralement, les dirigeants de ces bandes serviraient de «point d'attache» entre l'organisation adulte et les soldats, tant pour la distribution des profits que pour la circulation de l'information. De plus, après plusieurs stages d'entraînement, les jeunes pourront, un jour, faire partie de l'organisation adulte (Chin, 1990). Toutefois, d'après une étude menée par Joe Karen (1994) sur les bandes asiatiques de San Francisco, ces groupes ne différeraient guère des autres bandes ethniques et ne seraient pas impliqués dans la hiérarchie de certaines organisations adultes ni contrôlés par ces dernières. D'après lui, les différences observées se situeraient davantage sur les plans de la culture, de la famille, des expériences liées à l'immigration et au mode relationnel.

Selon Lyman et Potter (1997), les bandes de jeunes ne seraient que la partie visible du trafic de stupéfiants. À l'arrière-scène se cacheraient les chimistes, les pilotes, les banquiers, les «hommes respectables», etc. De nos jours, la distribution de la drogue serait devenue plus verticale. Il existerait plusieurs paliers de distribution régionale et par rue, qui se différencieraient de l'organisation de la fabrication. Par ailleurs, les bandes afro-américaines et hispaniques commenceraient alors à s'intégrer dans des organisations adultes, tout comme les bandes chinoises, irlandaises et italiennes (Spergel, 1995).

ANNEXE 2 : LES RÉPONDANTS

Angel

Jeune homme de 22 ans ; citoyen canadien d'origine libanaise arrivé au Québec à l'âge de 10 ans ; résidant de Bordeaux/Cartierville ; entré dans une bande de rue à l'âge de 13 ans ; revenu familial annuel : plus de 50 000 $.

Joé

Jeune homme de 15 ans ; citoyen canadien d'origine brésilienne (mère) et dominicaine (père) né au Québec ; résidant de Côte-des-Neiges ; entré dans une bande de rue à l'âge de 12 ans ; revenu familial annuel : plus de 30 000 $.

Sylvain

Jeune homme de 18 ans ; citoyen canadien d'origine française né au Québec ; résidant de Verdun ; entré dans une bande à l'âge de 12 ans ; revenu familial annuel : plus de 50 000 $.

Patrick

Jeune homme de 19 ans ; citoyen canadien d'origine française né au Québec ; résidant d'Hochelaga-Maisonneuve ; entré dans une bande à l'âge de 11 ans ; revenu familial annuel : plus de 50 000 $.

Ko

Jeune homme de 18 ans ; citoyen canadien d'origine haïtienne né au Québec ; résidant de Rivière-des-Prairies/Montréal-Nord ; entré dans une bande à l'âge de 11 ans ; revenu familial annuel : plus de 30 000 $.

Alex

Jeune homme de 17 ans; citoyen canadien d'origine haïtienne arrivé au Québec à l'âge de 8 ans; résidant de Saint-Michel; entré dans une bande à l'âge de 12 ans; revenu familial annuel: moins de 30 000 $.

Jonny

Jeune homme de 16 ans; citoyen canadien d'origine jamaïcaine (père) et française (mère) arrivé au Québec à l'âge de 5 ans; résidant de Saint-Laurent; entré dans une bande à l'âge de 14 ans; revenu familial annuel: plus de 30 000 $.

Luc

Jeune homme de 20 ans; citoyen canadien d'origine libanaise arrivé au Québec à l'âge de 8 ans; résidant de Saint-Laurent; entré dans une bande à l'âge de 15 ans; revenu familial annuel: plus de 30 000 $.

Momo

Jeune homme de 25 ans; citoyen canadien d'origine iranienne arrivé au Québec à l'âge de 10 ans; résidant de Laval; entré dans une bande à l'âge de 13 ans; revenu familial annuel: 50 000 $.

Noa

Jeune homme de 16 ans; citoyen canadien d'origine jamaïcaine arrivé au Québec à l'âge de 8 ans; résidant de Pie-IX; entré dans une bande à l'âge de 12 ans; revenu familial annuel: moins de 30 000 $.

Sam

Jeune homme de 18 ans; citoyen canadien d'origine algérienne arrivé au Québec à l'âge de 5 ans; résidant de Langelier/Rosemont; entré dans une bande à l'âge de 13 ans; revenu familial annuel: plus de 30 000 $.

Paul

Jeune homme de 14 ans; citoyen canadien originaire de l'Équateur né au Québec; résidant de Côte-des-Neiges; entré dans une bande à l'âge de 12 ans; revenu familial annuel: moins de 30 000 $.

ANNEXE 3 : QUELQUES EXEMPLES DE RÉSEAUX POSSIBLES

Figure 1 : Le réseau d'un membre des *Crips* des territoires
Pie-IX/Saint-Michel

Ce réseau est une «photo» prise durant l'année 2001 et ne constitue qu'un réseau parmi d'autres.

Les noms des bandes sont fictifs, mais ils se rapportent à la famille des *Crips* et à leurs alliés, en l'occurrence les *Hells Angels*.

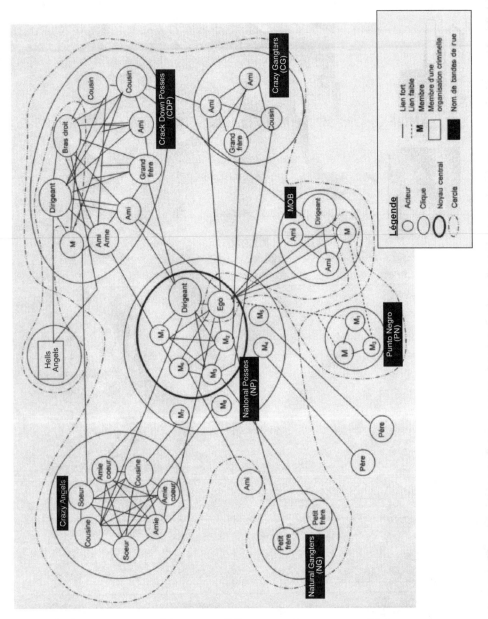

N.B. Cette cartographie se modifiera certainement au fil des ans, puisque les bandes changent de nom et de territoires rapidement. Toutefois, les grandes familles antillaises (*Crips* et *Bloods*) ont gravé leurs territoires dans l'histoire et ne peuvent aller que dans le sens de l'expansion, à moins d'un contretemps environnemental majeur.

Figure 2: Le réseau d'un jeune membre des *Rock Machines* (*Bandidos*)
ayant fait ses preuves dans la bande des *West Side*
et passé chez les *Hells Angels*.
Les territoires ciblés sont Verdun, Hochelaga, Côte-des-Neiges,
Montréal-Nord, Rivière-des-Prairies et Saint-Laurent.

Ce réseau est une « photo » donnée et datant de la fin des années 1990.
Ce réseau n'en est qu'un parmi d'autres.

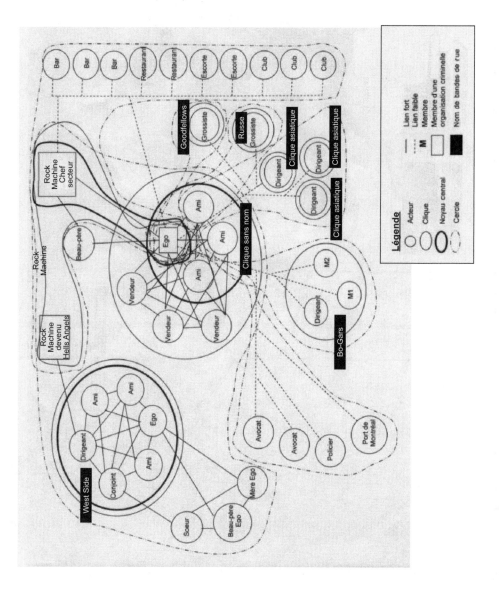

Figure 3 : Le réseau d'un jeune membre d'une clique mafieuse libanaise. Les territoires ciblés sont Bordeaux-Cartierville, Wesmount, Laval, et Montréal-Nord.

Ce réseau est une « photo » donnée et datant de la fin des années 1990. Ce réseau n'en est qu'un parmi d'autres.

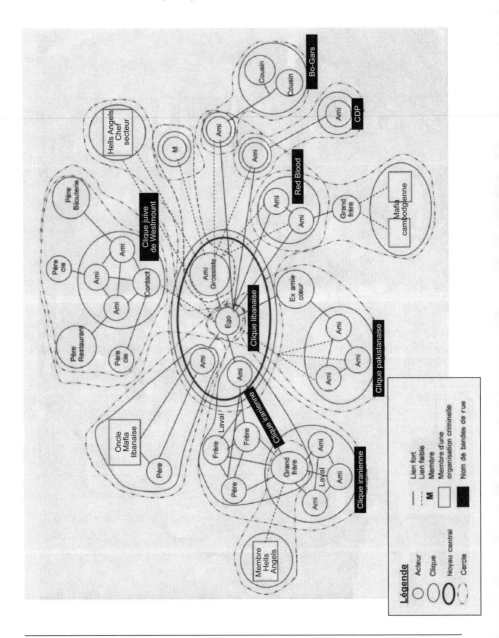

Figure 4 : Cartographie des bandes de rue de la grande région montréalaise.

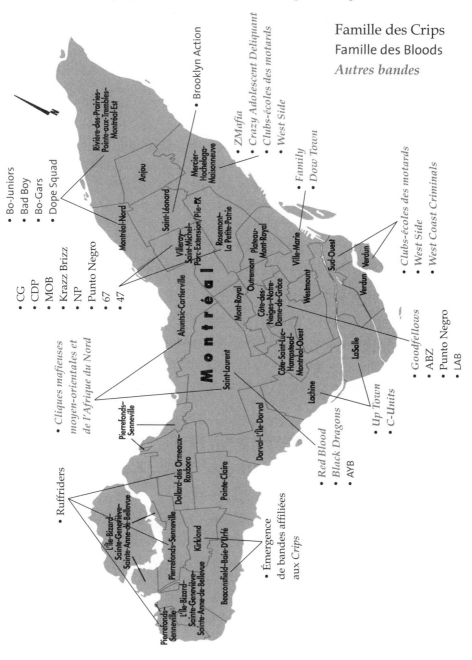

NB : Cette cartographie peut se modifier au cours des années, car ce phénomène demeure somme toute très volatile.

ANNEXE 4 : EXEMPLES DE STRUCTURES DES GRANDES FAMILLES

Figure 1 : Structure d'une famille ayant une bande intermédiaire

(Les bandes filles et bébés ainsi que les cliques d'aspirants peuvent être encore plus nombreuses.)

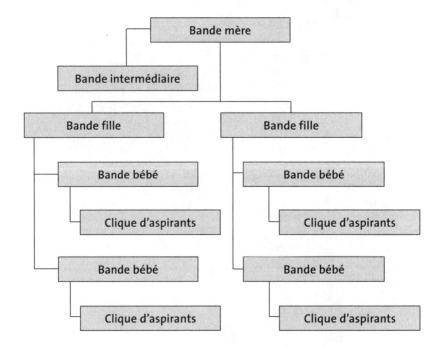

Figure 2: Structure d'une famille n'ayant pas de bande intermédiaire

(Les bandes filles et bébés ainsi que les cliques d'aspirants peuvent être encore plus nombreuses.)

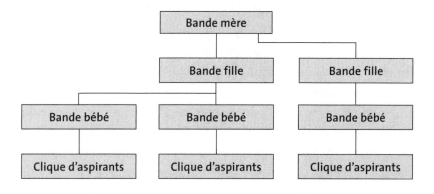

Le Serment des *Bloods* états-uniens

(version originale anglaise)

Nous vous présentons ici le serment des *Bloods* états-uniens. Ce serment ne fait pas encore état de bible chez les *Bloods* du Québec, mais il traduit bien la «philosophie» de vie de ces jeunes impliqués dans ce genre de grande famille. Vous noterez qu'une partie seulement de ce texte est traduite en français, car certains passages sont d'une extrême complexité et font référence à un code linguistique propre aux Bloods états-uniens. Il aurait fallu pour ce faire effectuer une analyse fouillée qui déborde le cadre du présent ouvrage, qui met davantage l'accent sur les bandes et les familles montréalaises. Nous avons trouvé tout de même intéressant de vous présenter ce document afin que vous puissiez avoir un aperçu des motivations de ces jeunes, mais aussi de leur détermination et de leur déni de la peur.

Original Oath

Blood is not a part time job it's a full time career.
It's about being around when it's time to get down.
It's about killing and not careing. Dieing and not cring. Getting caught and not telling never oppressing your brother and sister.
No black on black violence unless he or she violates your hood colors.
The colors being Red for the Blood we shed
Green for the money we make & weed we smoke & the grass we walk on
Brown for the war and victory
Black for our nation power and dominance
When blood shine you shine brighter so he could recognize ya gangsta peace to the almighty blood.

---

5 Beef Stick
4 Sizza hands
3 or diamonds
2
1 Joe diamond
GF Maggou

B. T. A's

Part of my soul - you my Homie
Skin deep – you my Homie too
Really tho – Good looking
I'm saying tho – it aint nothing
Spread thin – white boy
Dust eater – snake
Cat in the hat – bitch ass huster
Only got one – mother
Red moon – tomorrow
O trey riding – sleeping
Blow fish – send that
Instereo – listen! Bitch ass niggas is talking 'bout us
577 – Hood
718 – Yard
1090 – Self trip
6-00-6 – Lay Low Homie
212 – Talk
I – 95 – Scribe
9X – phone
Strawberry – wife
Ruby – Girl
Double O Bonga
Do a – yea
M.L.K – Na
Sky Line – I'm a write you

Fruit town – blooded out
Up top – you hear me
Down low – yea I hear you
Read between da lines – I be knowing
Fliping pages – Don't be knowing

Bang 4 cause not because
4 Brotherly love against oppressions

0.3.1 oath

Blood it's not a part time job it's a full time career.
It's about riding and dieing like all the Big Dog's before me
O is for the our organization 3 is for the 31 rules we live by
1 is for the one love we have under the U. B. N. Nation
It's + 31 seconds when you born & - 31 when you die

<u>*Red be like Remix*</u> *– Nick nack patty wack give my dog's a bone*
A hard back don't deserve nothing but a funeral home
I rock my red flag to reprition this blood gang
I'll turn a hard back into a blood stein 550 love
Fuck 550 love death to all those who appose blood.

Black –
Green *– The money we make the grass we walk on the weed we smoke.*
Brown *– War & victory.*
White *– The champain we poor out for all our Dead Homies.*
Beige *– The cotton our ancessors pick in the cotton field.*
Red be *– The apple that fell from the tree that split in 4 perses one for*
the neitas one for kings one for the crips and one for all those who oppose
Blood. As I look up in the sky a fear drop fall from my right eye i wonder
why my homie had to die dam i miss my homie O.G. Tye.
Red be like *– 5 popin & droppin 5 alive & must die*
Crip killer Folk killer till my casket drop & foot under.

History

Mack started <u>9 trey</u> in 1993 on Rikers Island Block C74
9 trey was one of the 1st blood on the westside alongside
1-8-trey 59 brim & B. S. V.

Traduction du Serment des *Bloods* états-uniens

Serment original

Être Blood c'est pas une jobine, c'est une profession.
C'est être là quand il faut passer à l'action.
C'est tuer sans remords et mourir sans pleurer.
C'est se faire prendre sans jamais moucharder
et jamais opprimer ses frères et sœurs de couleur.
Pas de violence par les Noirs contre les Noirs, à moins qu'il ou elle
    ait violé les couleurs de ton gang.
Ses couleurs sont : Rouge comme le sang que l'on verse
Vert comme l'argent que nous faisons, comme l'herbe que nous
    fumons et celle que nous foulons
Brun comme la guerre et la victoire
Noir comme le pouvoir et la dominance de notre race
Leur sang est éclatant, mais le nôtre l'est plus encore
Pour que tous voient que nous appartenons aux *Bloods* tout-
    puissants.

5 Beef Stick
4 Sizza hands
3 or diamonds
2
1 Joe diamond
GF Maggou

B. T. A's

Part of my soul - you my Homie
Skin deep – you my Homie too
Really tho – Good looking

I'm saying tho – it aint nothing
Spread thin – white boy
Dust eater – snake
Cat in the hat – bitch ass huster
Only got one – mother
Red moon – tomorrow
O trey riding – sleeping
Blow fish – send that
Instereo – listen! Bitch ass niggas is talking 'bout us
577 – Hood
718 – Yard
1090 – Self trip
6-00-6 – Lay Low Homie
212 – Talk
I – 95 – Scribe
9X – phone
Strawberry – wife
Ruby – Girl
Double O Bonga
Do a – yea
M.L.K – Na
Sky Line – I'm a write you

Fruit town – blooded out
Up top – you hear me
Down low – yea I hear you
Read between da lines – I be knowing
Fliping pages – Don't be knowing

Lutter pas sans raison, mais pour la cause
Au nom de l'amour fraternel et contre l'oppression

0.3.1 oath

Être Blood c'est pas une jobine, c'est une profession
C'est se défoncer puis crever comme ceux qui m'ont précédé
Le « O » symbolise notre organisation
Le « 3 » symbolise les 31 règles qui dictent notre conduite
Le « 1 » symbolise l'amour unique unissant la U. B. N. Nation
T'es à +31 secondes à ta naissance et à −31 quand tu crèves

Red be like Remix – *Nick nack patty wack give my dog's a bone*
A hard back don't deserve nothing but a funeral home
I rock my red flag to reprition this blood gang
I'll turn a hard back into a blood stein 550 love
Fuck 550 love death to all those who appose blood.

Noir —
Vert — La couleur de notre argent, de l'herbe que nous foulons et de celle que nous fumons.
Brun — La couleur de la guerre et de la victoire.
Blanc — La couleur du champagne qu'on déverse au nom de nos frères assassinés. (On pourrait aussi dire «La couleur de la colère qu'on déverse au nom de nos frères assassinés». Par conséquent, deux interprétations possibles à cette phrase, soit l'expression de la vengeance, soit le geste symbolique de boire à la santé des martyrs qui sont morts pour la bande).
Beige — La couleur du coton cueilli par nos ancêtres esclaves sur les plantations.
Rouge — La couleur de la pomme tombée de l'arbre qui s'est divisée en quatre quartiers, un pour les *Neitas* (une bande carcérale du pénitencier de Rikers Island, hispanique, ennemie des *Bloods*, appelée aussi *Neta*), un pour les *Kings* (une bande *carcérale, du pénitencier de Rikers Island, hispanique, ennemie* des *Bloods,* appelée aussi *Latin Kings*), un pour les *Crips* (une grande famille de bandes ennemies des *Bloods*) et un pour tous ceux qui s'opposent aux Bloods. Yeux tournés vers le ciel, une larme lacère ma joue: «Pourquoi t'es mort, O. G. Tye [Omar Portee, alias O. G. Mack, est le fondateur de la United Blood Nation.]?

Merde que tu me manques, mon frère.» Le rouge, c'est les cinq qui sont tombés avec du plomb dans la tête et ces cinq autres qui sont vivants, mais plus pour longtemps. Tueur de *Crip*, tueur de *Folk* je suis et resterai jusqu'à ma dernière heure.

Bref retour historique

Mack (de son vrai nom Omar Portee, alias O.G. Mack) a créé la bande *9 trey* (*Nine Trey Gangstas*, dont l'acronyme est *NTG*) en 1993 alors qu'il était incarcéré dans le pénitencier de Rikers Island (NY) à l'aile C74. Les *9 trey* furent les premiers *Bloods* à voir le jour, bien avant les *1-8-trey* (*One Eight Trey (183) Bloods*), les *59 BRIM* et les *B. S. V.* (les *Mad Stone Villains et les Blood Stone Villains*).

Bibliographie

BAKIS, H. *Les réseaux et les enjeux sociaux*, Paris, Presses Universitaires de France, 1993, 127 p.

BEAMAN, L. G. *New Perspectives on Deviance: The Construction of Deviance in Everyday Life*, Scarborough, Prentice Hall Allyn and Bacon Canada, 2000, 292 p.

BECKER, H. S. *Outsiders: Études de sociologie de la déviance*, Paris, Éditions A.M. Metailie, 1985, 248 p.

BOURDIEU, P. *Les structures sociales de l'économie*, Paris, Éditions du Seuil, 2000, 289 p.

BOURDIEU, P. «Les trois états du capital culturel», dans *Actes de la recherche en sciences sociales*, Paris, Éditions de Minuit, n° 30, 1979, p. 3-6.

BOURDIEU, P. «Le capital social: notes provisoires», dans *Actes de la recherche en sciences sociales*, Paris, Éditions de Minuit, n° 31, 1980, p. 2-21.

BOURDIEU, P. *Raisons pratiques sur la théorie de l'action*, Paris, Éditions du Seuil, 1994, 254 p.

BOURDIEU, P. *Question de sociologie*, Paris, Éditions de Minuit, 1980, 268 p.

BOURDIEU, P. *Le sens pratique*, Paris, Éditions de Minuit, 1980, 475 p.

CARPENTIER, N. et D. WHITE. *Soutien social et approche des réseaux sociaux: rapport destiné à la Régie régionale de la santé de Laval*, Montréal, GRASP, 2000, 57 p.

CASTEL, R. «La dynamique des processus de marginalisation: de la vulnérabilité à la désaffiliation», dans *Cahiers de recherche sociologique*, Montréal, Presses de l'Université du Québec à Montréal, n° 22, 1994, p. 11-27.

CASTEL, R. *Les métamorphoses de la question sociale: une chronique du salariat*, Paris, Éditions Arthème Fayard, 1995, 490 p.

CASTEL, R. «Les marginaux dans l'histoire», dans *L'exclusion: L'état des savoirs*, Paris, Éditions La Découverte, 1996, p. 32-41.

CHALOM, M. et J. KOUSIK. *Violence et déviance à Montréal*, Montréal, Éditions Liber, 1993, 152 p.

CHAMBOREDON, J.-C. «La délinquance juvénile: essai de construction de l'objet», *Revue française de sociologie*, Paris, Éditions du CNRS, n° 12, 1971, p. 335-377.

CHIN, Ko-Lin. *Chinatown Gangs: Extortion, Enterprise and Ethnicity*, New York, Oxford University Press, 1996, 233 p.

CHIN, Ko-Lin. *Chinese Subculture and Criminality: Non-traditional Crime Groups in America*, Greenwich, Greenwood Press, 1990, 189 p.

CHIN, Ko-Lin et J. FAGAN. «Social Order and Gang Formation in Chinatown», in *Advances in Criminological Theory*, New-Brunswick, Adler and Laufer, n° 6, 1994, p. 216-251.

CHIN, Ko-Lin, R. J. KELLY et J. FAGAN. «Chinese Organized Crime in America», in *Handbook of Organized Crime*, Greenwich, Greenwood Press, 1994, p. 213-243.

CORVEY, Herbert C., Scott MENARD et Robert J. FRANZESE. *Juvenile Gangs*, second edition, Springfield, Charles C. Thomas, 1997, 362 p.

DEGENNE, A. et M. FORSÉ. *Les réseaux sociaux: une analyse structurale en sociologie*, Paris, Éditions Armand Colin, 1994, 288 p.

DOUYON, E. et H. LÉON. *Les jeunes haïtiens et les gangs de rue*, pour le Solliciteur général du Canada, Toronto, 1996. 103 p.

DUBAR, C. «Socialisation et processus», dans *L'exclusion: L'état des savoirs*, Paris, Éditions La Découverte, 1996, p. 111-119.

DUMONT, F., S. LANGLOIS et Y. MARTIN. *Traité des problèmes sociaux*, Québec, Presses de l'Université Laval, 1999, 1164 p.

DURKHEIM, E. *Les règles de la méthode sociologique*, Paris, Flammarion, 1988, 254 p.

FASSIN, D. «Marginalidad et marginados: La construction de la pauvreté urbaine en Amérique latine», dans *L'exclusion: L'état des savoirs*, Paris, Éditions La Découverte, 1996, p. 263-271.

FERRAND, A. «La structure des systèmes de relations», *L'Année sociologique*, Paris, Presses Universitaires de France, vol. 47, 3ᵉ série, n° 1, 1997, p. 37-54.

FIZE, M. *Les bandes: L'«entre-soi» adolescent*, Paris, Desclée de Brouwer, 1993, 183 p.

FREDETTE, C. *et al.* *Le défi de la réadaptation des garçons membres de gangs*, Montréal, Institut de recherche pour le développement social des jeunes, 2000, 243 p.

FORSÉ, M. «Capital social et emploi», *L'Année sociologique*, Paris, Presses Universitaires de France, vol. 47, 3ᵉ série, n° 1, 1997, p. 143-181.

FORSÉ, M. et S. LANGLOIS. «Réseaux, structures et rationalité», *L'Année sociologique*, Paris, Presses Universitaires de France, vol. 47, 3ᵉ série, n° 1, 1997, p. 27-35.

FOURNIER, M. «In memoriam Pierre Bourdieu (1930-2002): La dernière leçon de Pierre Bourdieu», *Sociologie et sociétés*, Montréal, Presses de l'Université de Montréal, vol. 33, n° 2, 2001, p. 217-221.

FOURNIER, Michèle. *Jeunes filles affiliées aux gangs de rue à Montréal: cheminements et expériences*, pour le Centre international de criminologie comparée, Montréal, Université de Montréal, 2003, 165 p.

GAUTHIER, M. «Entre l'excentricité et l'exclusion: les marges comme révélateur de la société», *Sociologie et sociétés*, Montréal, Presses de l'Université de Montréal, vol. 26, n° 2, 1994, p. 177-188.

GRANOVETTER, Mark S. «The Strength of Weak Ties», *American Journal of Sociology*, Chicago, University of Chicago Press, vol. 78, nᵒ 6, 1973, p. 1360-1380.

GRÉGOIRE, C. «Les gangs de rue: mythe ou réalité?», *Défi Jeunesse*, Montréal, vol. 5, n° 1, 1998, p. 18-22.

HAGHIGHAT, C. *L'Amérique urbaine et l'exclusion sociale*, Paris, Presses Universitaires de France, 1994, 328 p.

HAMEL, S. *et al.* *Jeunesse et gangs de rue: résultats de la recherche-terrain et proposition d'un plan stratégique quinquennal*, Montréal, Centres jeunesse de Montréal et Institut de recherche pour le développement social des jeunes, 1998, 440 p.

HAWKINS, Darnell F., John H. LAUB, Janet L. LAURITSEN et Lynn COTHERN. *Race, Ethnicity, and Serious and Violent Juvenile Offending*, Washington D.C., US Department of Justice, Office of Justice Programs, Office of Juvenile Justice and Delinquency Prevention, 2000, 8 p.

Hébert, J., S. Hamel et G. J. Savoie. *Jeunesse et gangs de rue: revue de littérature*, Montréal, Centres jeunesse de Montréal et Institut de recherche pour le développement social des jeunes, 1997, 71 p.

Howell, James C. et Scott H. Decker. *The Youth Gangs, Drug, and Violence Connection*, Washington D.C., US Department of Justice, Office of Justice Programs, Office of Juvenile Justice and Delinquency Prevention, 1999, 12 p.

Howell, James C. et James P. Lynch. *Youth Gangs in Schools*, Washington D.C., US Department of Justice, Office of Justice Programs, Office of Juvenile Justice and Delinquency Prevention, 2000, 8 p.

Howell, James C. et Debra K. Gleason. *Youth Gang: Drug Trafficking*, Washington D.C., US Department of Justice, Office of Justice Programs, Office of Juvenile Justice and Delinquency Prevention, 1999, 8 p.

Huff, Ronald C. *Gangs in America*, Newbury Park (CA), Sage Productions, 1990, 351 p.

Huff, Ronald C. *Gangs in America*, second edition, Thousand Oaks, Sage Productions, 1996, 322 p.

Jackson, R. K. et W. D. McBride. *Understanding Street Gangs*, California, Custum Publishing, 1986, 137 p.

Jankowski, B. *Les gangs aux États-Unis: Bilan des recherches*, Paris, Institut des Hautes Études de la Sécurité Intérieure, 1992, 21 p.

Jankowski, M. S. *Islands in the Street: Gang in American Society*, Berkeley, University of California Press, 1991, 382 p.

Joe, Karen A. «The New Criminal Conspiracy? Asian Gangs and Organized Crime in San Francisco», dans *Journal of Research in Crime and Delinquency*, San Francisco, Sage Periodicals Press and National Council on Crime and Delinquency, vol. 31, n° 4, 1994, p. 390-415.

Kaplan, D. *Yakuza: La mafia japonaise*, Paris, Éditions Philippe Picquier, 1990, 445 p.

Klein, Malcolm W. *The American Street Gang: Its Nature, Prevalence and Control*, New York, Oxford University Press, 1995, 270 p.

Knaebel, S. *Marges, marginalités et institution*, Paris, Éditions du Cerf, 1987, 158 p.

Lagrée, J.-C. «Marginalités juvéniles», dans *L'exclusion: L'état des savoirs*, Paris, Éditions La Découverte, 1996, p. 321-334.

LANDRE, R., M. MILLER et D. PORTER. *Gangs: A Handbook for Community Aware-ness,* New York, Facts on File, 1997, 276 p.

LEBLANC, M. «L'évolution de la violence chez les adolescents québécois: phénomène et prévention», dans *Criminologie,* Montréal, Presses de l'université de Montréal, vol. 32, n° 1, 1999, p. 161-185.

LEBLANC, M. et N. LANCTOT. «Le phénomène des bandes marginales: Vers une vision réaliste grâce à une comparaison des années 1970 et 1990», dans *Revue Internationale de Criminologie et de Police Technique,* Genève, n° 4, 1995, p. 414-426.

LEMIEUX, V. «Réseaux et coalitions», *L'Année sociologique,* Paris, Presses Universitaires de France, vol. 47, 3ᵉ série, n° 1, 1997, p. 55-71.

LEPONTRE, D. *Cœur de banlieue: Codes, rites et langages,* Paris, Éditions Odile Jacob, 1997, 362 p.

LEVESQUE, M. *Le capital social comme forme sociale de capital: Reconstruction d'un quasi-concept et application à l'analyse de la sortie de l'aide sociale,* Thèse de doctorat, Département de sociologie, Université de Montréal, 2000, 302 p.

LYMAN, Michael D. et Gary W. POTTER. *Organized Crime,* New Jersey, Prentice Hall, 1997, 474 p.

MARTENS, Frederick T. «African-American Organized Crime, an Ignored Phenomenon», *Federal Probation,* Washington DC, Office of the United State Courts, vol. 54, n° 4, 1990, p. 43-50.

MATHEWS, F. *Les bandes de jeunes vues par leurs membres,* Toronto, Solliciteur général du Canada, 1993, 126 p.

MAYS, Larry G. *Gangs and Gang Behavior,* Chicago, Nelson-Hull Publishers, 1997, 490 p.

MERTON, Robert K. *Éléments de théorie et de méthode sociologique,* Paris, Gérard Monfort, 1965, 514 p.

MICHARD, H., J. SELOSSE *et al. La délinquance des jeunes en groupe,* Paris, Éditions Cujas, 1963, 328 p.

MILES, M. B. et A. M. HUBERMAN. *Analyse des données qualitatives,* deuxième édition, Paris, De Boeck Université, 2003, 626 p.

MOORE, J. W. *et al. Homeboys: Gangs, Drugs, and Prison in the Barrios of Los Angeles,* Philadelphia, Temple University Press, 1978, 239 p.

NICASO, A. et L. LAMOTHE. *Dans les coulisses du crime organisé: Le rôle straté-gique du Canada à l'aube du 21ᵉ siècle*, Montréal, Éditions de l'Homme, 1996, 222 p.

OEHME, Chester G. *Gangs, Groups, and Crime*, Carolina, Carolina Academic Press, 1997, 303 p.

OGIEN, A. *Sociologie de la déviance*, Paris, Armand Colin, 1999, 232 p.

PADILLA, Felix M. *The Gang as an American Enterprise*, New Jersey, Rutgers University Press, 1992, 198 p.

PASSAS, N. *Organized Crime*, Brookfield, Dartmouth Publishing, 1995, 579 p.

PAUGAM, S. *L'exclusion: L'état des savoirs*, Paris, Éditions La Découverte, 1996, 583 p.

PAUGAM, S. «La constitution d'un paradigme», dans *L'exclusion: L'état des savoirs*, Paris, Éditions La Découverte, 1996, p. 7-19.

PIA, C., R. DAMARIS et J. CHARBONNEAU. «La constitution de liens faibles: une passerelle pour l'adaptation des immigrantes centro-américaines mères de jeunes enfants à Montréal», *Études ethniques au Canada*, Calgary, vol. 31, n° 1, 1999, p. 73-91.

PROWSE, C. E. *Vietnamese Gangs. Fluidity and MOBility as Instruments of Orga-nization*, Calgary, Calgary Police Service, 1994, 91 p.

QUEIROZ, J.-M. «Exclusion, identité et désaffection», dans *L'exclusion: L'état des savoirs*, Paris, Éditions La Découverte, 1996, p. 295-309.

QUIVY, R. et L. VAN CAMPENHOUDT. *Manuel de recherche en sciences sociales*, deuxième édition, Paris, Éditions Dunod, 1995, 290 p.

RAUFER, X. et S. QUÉRÉ. *Le crime organisé*, Paris, Presses Universitaires de France, 2000, 137 p.

RESWEBER, J. T. «Marge et éthique», dans *Marges, marginalités et institution*, Paris, Éditions du Cerf, 1987, p 147-152.

SCHNAPPER, D. «Intégration et exclusion dans les sociétés modernes», dans *L'exclusion: L'état des savoirs*, Paris, Éditions La Découverte, 1996, p. 23-31.

SHAW, C. R. et H. D. McKAY. *Juvenile Delinquency and Urban Areas*, Chicago, University of Chicago Press, 1969, 394 p.

SHELDEN, Randall G., Sharon K. TRACY et William B. BROWN. *Youth Gangs in American Society*, second edition, Belmont (CA), Wadsworth-Thomson, 2001, 302 p.

SHER, Julian et William MARSDEN. *La route des Hells: Comment les motards ont bâti leur empire*, Montréal, Éditions de l'Homme, 2003, 446 p.

SPERGEL, Irving A. *The Youth Gang Problem: A Community Approach*, New York, Oxford University Press, 1995, 346 p.

SPERGEL, Irving A. *Youth Gangs: Problem and Response*, Chicago (IL), University of Chicago Press, 1990, 356 p.

SPERGEL, Irving A. et David CURRY. *Survey of Youth Gang: Problems and Programs in 45 Cities and 6 Sites*, Chicago (IL), University of Chicago Press, 1990, 281 p.

STARBUCK, D., James C. HOWELL et Donna J. LINDQUIST. *Hybrid and Other Modern Gang*, Washington D.C., US Department of Justice, Office of Justice Programs, Office of Juvenile Justice and Delinquency Prevention, 2001, 8 p.

TADASHI, M. «Recent Tendency of Activities of Organized Crime Groups in Japan», *Cahiers de défense sociale*, Milano, Bulletin de la société internationale de défense sociale, 1994-1995, p. 163-167.

TAYLOR, Carl S. *Dangerous Society*, East Lansing (Michigan), Michigan State University Press, 1990, 150 p.

THRASHER, Frederic Milton. *The Gang: A Study of 1313 Gangs in Chicago*, second edition, Chicago, University of Chicago Press, 1936, 605 p.

TRUDEAU, A. *Les bandes de rue à Montréal vues par les intervenants de cinq secteurs d'activité*, Mémoire de maîtrise, École de criminologie, Université de Montréal, 1997, 109 p.

WACQUART, Loïc J.-D. «Le gang comme prédateur collectif», dans *Actes de recherche en sciences sociales*, Paris, Éditions du Seuil, 1994, p. 88-100.

WHYTE, William Foote. *Street Corner Society: The Social Structure of an Italian Slum*, third edition, Chicago, University of Chicago Press, 1981, 386 p.

WOLF, Daniel R. *Les Rebels: Une fraternité de motards hors-la-loi*, Montréal, Éditions Balzac, 1995, 406 p.

Remerciements

Pour s'engager dans une aventure aussi tumultueuse que l'écriture d'un livre, il faut être appuyé. Par ces quelques mots du cœur, je souhaite rendre hommage aux personnes qui m'ont soutenue, les remercier pour toute leur générosité à mon égard. Tout d'abord, un grand merci à ceux dont la contribution est très souvent considérée comme allant de soi, mais sans qui rien de tout cela ne serait possible : ma famille. Merci aussi, pour leur confiance, à Harry Delva, de la Maison d'Haïti, et à tous ces jeunes, membres et ex-membres de bandes, qui ont accepté de me parler. Enfin, merci à Marc Brière et à Jean-Paul Gilson pour avoir accepté sans hésitation la lourde tâche de révision, ainsi qu'à Jean-Pierre Charbonneau et à Maka Kotto pour les préfaces. Je vous aime tous beaucoup !

Table des matières

Achevé d'imprimer au Canada
sur les presses des Imprimeries Transcontinental Inc.